故纸生香系列丛书

王月华 著

中山大学出版社
·广州·

版权所有　翻版必究

图书在版编目（CIP）数据

风物 / 王月华著. — 广州：中山大学出版社，2018.7

（故纸生香系列丛书 / 李婉芬主编，黄卓坚副主编）

ISBN 978-7-306-06188-1

Ⅰ. ①风… Ⅱ. ①王… Ⅲ. ①风俗习惯－广东 Ⅳ. ①K892.465

中国版本图书馆CIP数据核字（2017）第227326号

风物　FENGWU

出 版 人：王天琪
策划编辑：王延红
责任编辑：廉　锋
封面设计：刘　犇
装帧设计：刘　犇
责任校对：陈　芳
责任技编：黄少伟
出版发行：中山大学出版社
电　　话：编辑部 020-84111946，84111970，84111997，84110779
　　　　　发行部 020-84111998，84111981，84111160
地　　址：广州市新港西路135号
邮　　编：510275　　传　　真：020-84036565
网　　址：http://www.zsup.com.cn　E-mail:zdcbs@mail.sysu.edu.cn
印　刷　者：广州家联印刷有限公司
规　　格：787mm×1092mm　1/32　6.625印张　133千字
版次印次：2018年7月第1版　2018年7月第1次印刷
定　　价：48.00元

如发现本书因印装质量影响阅读，请与出版社发行部联系调换

———————————— 感谢广州市国家档案馆提供档案支持

故纸生香系列丛书

主　编：李婉芬
副主编：黄卓坚

传承厚重的城市记忆

一转眼,"广州档案独家解密"这个栏目版面走过了五年的光阴。在这五年中,广州日报社投入大量人力物力,深入挖掘岭南文化的深厚底蕴,全方位展示了近代广州的商业传奇与文脉书香,为广州——这座我们深爱的城市留存了一份厚重而鲜活的记忆。如今,经过中山大学出版社的悉心编辑,这些文字将以更精致优雅的形式呈现给读者。值此丛书出版之际,岂能不倍感喜悦与欣慰?

《广州日报》与广州市国家档案馆的合作由来已久,在档案馆内大放异彩的"新广州好"百景数字展厅,以声光电互动的"百米长卷"展示两千年商都辉煌的"前世今生",正是双方合作的成果。当然,广州厚重的文化底蕴远非一幅长卷可以说尽,档案馆内一卷卷行文儒雅的文书、一行行娟秀的小楷、一叠叠泛黄而珍贵的旧书旧报,更藏着无数珍贵的城市记忆，值得我们细心探寻，并用生动有趣的文字传递给读者，传递给像我们一样深爱这座城市的人。

"广州档案独家解密"这个栏目版面就是因着这样一份简单而真诚的意图而呱呱坠地的。2013年4月25日，第一期问世，到今天，已经出版了两百多个版面，积累了100多万字。刚接到这个栏目版面采编任务的时候，月华还有些惶恐不安，担心自己被湮没在文山书海中，变成一个头晕目眩的"小书虫"，在我们的鼓励下，她才勇敢地迈出了第一步；今天，回首五年的写作经历，她告诉我们，透过一份份馆藏的珍贵档案和为了加深理解而阅读的大量史学专著，她体会到了广州生生不息的文化与商业传统，以及市井平民的生活热情，并因着这样的体会，她对广州的爱牢牢生了根。听到这样的话，作为她的领导与长辈，我们十分高兴与欣慰。

广州的确不是乍一看就让人特别惊艳的城市，可她却是一个很多人住了一段时间后就会深深爱上、再也舍不得离开的城市。这一股神奇的力量究竟来自哪里？"广州档案独家解密"这一栏目积累的百万文字或许可以提供一个答案：这是一个既尊重传统，又不断吐故纳新的城市，是一个愿意包容每一个外来者的城市，是一座生生不息的"活"着的城市。所以，你可以将这些文字看成《广州日报》写给广州的一封"情书"。如今，经过中山大学出版社的精心编辑，这封"情书"很快就将呈现在读者面前了。如果你能静心翻阅，你会发现街头看似寻常的每一道风景，从此或许都会显得美丽不凡。

"广州档案独家解密"这一栏目走过了五年的光阴，成长为《广州日报》的品牌栏目之一。不过，与广州绵长的历史相比，五年不过是短暂一瞬，我们对广州千年城市记忆的探索之旅才刚刚开始。以后，我们还将尽绵薄之力，认真讲好广州故事，努力探寻岭南文化生生不息的奥秘所在。

是为序。

《广州日报》编辑部
2018年4月

目 录

中西贯通篇

广州"河南茶" 香飘全世界 / 3

珠江记忆:桨声艇影 生机勃发 / 9

欧洲钢琴四百年前已入粤 / 15

岭南通草画家 广告打到伦敦 / 22

西餐两百年前落户老广州 / 30

西关小姐更衣记 / 38

书香文脉篇

海山仙馆 万木草堂:老广州藏书楼气度不凡 / 49

藏书楼阁已寂灭 太平沙里余墨香 / 56

百年前老课本 细说"海上丝路" / 62

双门底书坊街 热卖"福尔摩斯" / 69

时敏学堂崛起多宝大街 / 76

西瓜园畔兴起高级文化沙龙 / 83

中山纪念堂图纸　曾流落废品收购站　/ 90

玩乐生活篇

游在老广州　指南花样多　/ 101

八月十五"竖中秋"　/ 108

荔枝湾：百艇云集的消夏"浮世绘"　/ 114

广州昔日宠素馨　花开时节满城雪　/ 123

广东出过头大径尺的龙虾　/ 131

斗龙太激烈　时常有火拼　/ 139

行当业态篇

"三行仔"同声共气盖大屋　/ 149

炭火烧红发钳　烫起满头青丝　/ 156

百年前时兴请大厨上门　小伙计头顶大篾送外卖　/161

火船仔花尾渡　"亲热拍拖"80年　/ 167

参考文献 / 174

后记 / 176

中西贯通篇

经营犹记旧歌谣,来往舟人趁海潮。
风物眼前何所似,扬州二十四红桥。

——南宋·方信孺《南濠》

最先来广东进行茶叶交易的是葡萄牙人,他们直接沿用了粤语发音来称呼这个新发现的宝贝事物,"茶"的粤语发音转化为西班牙、保加利亚、俄国等国的语言。这一有趣的文化现象,反映了中国茶叶风靡世界的程度……

广州"河南茶" 香飘全世界

"郎从桥外打鱼虾,妾出桥头去采茶。来往不离桥上下,漱珠桥畔是侬家。"看了这首竹枝词,你的眼前会不会出现小桥流水的田园生活景象?这样的句子在传统文人的笔下比比皆是,不过,诗人们沉醉于采茶女清脆的歌声之时,却未必会想到,这幅田园景象与一两百年前的全球大市场紧紧相连,广州因而才有了盛名远扬的"河南茶",并一度香飘全世界。

播种：珠江南岸遍茶园　洋行青睐"河南茶"

我是在屈大均先生的《广东新语》里第一次看到"河南茶"这个词的。先生在《食语》一章中写道："珠江之南有三十三村，谓之河南。粤志所谓河南之洲，状若方壶是也。其土沃而人勤，多业艺茶……是曰'河南茶'。"

我本愚拙，想来先生笔下的"三十三村"必是个虚数，不过昔日珠江南岸茶园与花田遍布的田园风光，却反映在当时不少诗歌中。"也种芙蓝也种茶，荒山寄迹事蓄畲；语音莫讶多唎㗆，笑说侬生是客家"，说的是客家人在珠江两岸开荒种茶的景象；"河南好种茶，春日茶田晓。一抹绿烟微，茶歌出田表"，说的更是春日茶园里的忙碌景象了。

在文人眼里，"河南茶"是充满诗意的；而对河南三十三村的男女老少来说，它是实实在在的生计。据《中国近代对外贸易史》记载，1734年广州的茶叶出口总量只有3万担，到1833年则已突破50万担大关。茶叶从广州启程，漂洋过海，"茶"的粤语发音也随之进入多国语言。据专家考证，最先来广东进行茶叶交易的是葡萄牙人，他们直接沿用了粤语发音来称呼这个新发现的宝贝事物，"茶"的粤语发音转化为西班牙、保加利亚、俄国等国的语言。这一有趣的文化现象,反映了中国茶叶风靡世界的程度,其背后庞大的全球市场则与河南三十三村普通茶农的生计紧紧相连。

虽说从广州出口的茶叶来自全国各地,但"河南茶"一直是备受洋行青睐的茶品之一。市场兴旺时,一两亩茶园的收入就已足够养活一家人,比种别的都划算,这才是"一抹绿烟微,茶歌出田表"的真正原因。田园诗般的美丽与精明的经济账,就这样一体两面,毫不违和。

诗意:天明出门去　春茶凌露摘

"河南茶"之受青睐,还可以从当时茶商推出的预付款制度中一窥端倪。每年春节刚过,茶商就纷纷出动,向茶农预付款项,到了清明采茶时分再来收茶。茶商求的是货源稳定,茶农也乐得不再为销路烦心,也算是双赢。

种茶是体力活,一般由村里的男人来干,采茶则多半是女儿家的事了。文人笔下的采茶也是充满诗意的。暮春时节,天刚蒙蒙亮,女孩儿们就提着竹筐来到茶园,趁着茶叶上的露水未干,细细摘下,渐渐筐内一片新绿。

有趣的是，在文人笔下，这些女孩子虽然抛头露面、出门干活，却十分谨言慎行，因为"有问路者，茶人往往不答"。不过我想，一定不是所有人都甘心这么做，否则就不会有"郎从桥外打鱼虾，妾出桥头去采茶。来往不离桥上下，漱珠桥畔是侬家"这样的歌词了。采茶女脆生生开口一唱，"茶人亦守礼法"看上去就有点不可信了。

加工：工场拣茶女　花香熏嫩茶

新鲜采摘下来的茶叶，是要经过加工才能启程出洋的。加工到底要经过几道程序呢？且让我们到一家制茶工场看一看。在这条茶叶全球贸易链上，茶农位于最低端，制茶工场的地位就高得多了。伴随着中国茶叶风靡海外的浪潮，由茶商投资的制茶工场分布在广州各处，其中最好的还是在河南。

18世纪50年代，英国人罗伯特·福特在当时英国驻穗副领事摩礼逊的陪同下，参观了河南一个制茶工场，并留下了翔实的记录。他写道：这个制茶工场高达两层，工场内挤满了妇女和儿童，足有百人之多，他们正在忙着从茶叶里剔出茶梗和黄色的叶子；还有人拿着大大小小的筛子，不停地筛茶。他打听后方才得知，好茶被筛出后，留下的茶末和渣子会掺上浆糊,做成假茶。这种茶卖到英国,专门供那些喝不起真茶的人充场面。

真正吸引罗伯特·福特的是"香片"(花香茶)的制作,因为广州"香片"在全球市场一直十分走俏。在工场的一角,罗伯特看到了一大堆刚摘下来的香橙花,空气中充满了清香的味道。茶场女工细心筛去花朵的雄蕊,将干燥的茶叶与湿鲜花混合在一起,再经过"筛簸""熏蒸"等多道工序,才能制成清香四溢的香橙花茶。

其实,除了香橙花茶,素馨花茶和茉莉花茶也是广州"香片"的翘楚。它们在欧美市场持续畅销,在深得洋人青睐的同时,也抚慰了无数广东华侨的乡愁。

遗憾:伪劣茶盛行　"香片"花落去

遗憾的是,从19世纪70年代开始,随着印度茶与锡兰红茶的崛起,广州的茶叶出口日渐衰落,河南三十三村的茶园失去了往日的热闹,"河南茶"渐渐风光不再。

"河南茶"走向衰微,其背后缘由错综复杂,但细细翻阅资料，还是不得感慨于当时人们的短视。面对"茶叶从前为出口货大宗，现在出口之数历年递减……盖西人多向锡兰、印度购茶，以其价廉也"（见《近代广州口岸经济社会概况——粤海关报告汇集》，暨南大学出版社1995年版）的不利形势，不少人的反应居然是——制造伪劣产品，然后再降价出手，于是掺和作伪，"只图斤两之重，不顾本质之怀"的现象大量出现。《近代广州口岸经济社会概况——粤海关报告汇集》中不时出现关于伪劣茶的记载，有的茶叶"尽管从外表看成色很好，但实际上易碎且香味不足"，有的茶叶"掺杂旧茶叶多"，甚至还有的茶叶"掺有铁屑、尘土等杂物"，以致贸易渐入死胡同。激烈的竞争再加上人们的慌乱和短视，广州"香片"的美丽传奇最终黯然失色，其间的种种遗憾和教训仍值得我们今天一再深思。

广船的独门制造秘籍曾给西欧造船业不少帮衬。那些最早来穗的"红毛番鬼"火速将广船的技术引进欧洲，大大提高了出洋商船的航行能力和安全系数。可惜的是，西欧商船此后越造越大，满世界转悠；广船的制造却处处受到掣肘……

珠江记忆：桨声艇影　生机勃发

"珠江，通称为省河……其时河面上挤满本地船只，包括那些现在差不多完全绝迹的沿海航行的中国帆船……从内地来的货船、客船、水上居民及从内地来的船艇、政府的巡船和花艇等，其数目是惊人的。此外，还有舢板，以及来往河南的渡船，还有一些剃头艇和出售各种食物、衣服、玩具及岸上店铺所出售的日用品的艇等；另外，还有算命和耍把戏的艇——总而言之，简直是一座水上浮城。这条江给人一种极好的感觉——毫不停息的活动，低微的噪音，生机勃发和愉快欢畅。"这是19世纪中期美国商人亨特在《珠江河上》

中的一段话。从字里行间,我们似乎看到了江面上拥挤的船影、林立的桅杆、忙碌而欢快的水手,听到了热闹的划桨声、吆喝声和叫卖声。这"桨声艇影"里的珠江记忆,还真不免让人有些眷恋。

广船记忆:"铁船"美名　传遍四海

说起十三行鼎盛时期珠江上的大船,我们马上想起的几乎都是像"哥德堡号"那样远道而来的西欧三桅洋船。事实上,按照当时政府的规定,像"哥德堡号"那样的红毛番舶只能停靠在黄埔港,是绝不允许入城的;出自本地工匠之手的中国大商船,才是城区江面上的真正"霸主"。这些远洋商船大的宽十一二米、长三十多米,小的宽七八米、长二十多米,体量虽然不可与动辄载重一两千吨的西欧商船相比,但航行在珠江上,也算得上是庞然大物了。

根据著名学者叶显恩的研究所述,广州制造的远洋大商船,多选用铁力木作为原材料,船身厚重坚实,吃水极深,风浪再大也不会翻船,因此有"铁船"之称。虽说政府规定民间不许制造两桅以上的大船,但在逐利冲动之下,违禁者比比皆是,甚至有巨商大贾还制造出了五桅大帆船。这些远洋商船，有的出海向南，开往新加坡、爪哇、马尼拉等东南亚港口开拓市场；有的沿海岸线向北，开往上海、乍浦、宁波、天津、胶州等地"掘金"。

除了这些远洋大商船，城区的江面上还停留着大量来自各地的河船：有的是盐船，大多来自电白和澳门，当时的盐业是由政府垄断经营的，作为货主的盐商也大多腰缠万贯，地方官还派出武装巡逻队保护他们；有的是谷船，大多来自广西和湖南，广东本地长期缺米，全靠这些河船沿着西江运米过来，填饱本地人的肚子。

江上有大船，也有小艇。小艇的名目可就多了："船小肚量大"的横水渡是唯一的渡江交通工具，不仅载人，也拉货；往来穿梭的杂货艇是水上的百货商店；香烟缭绕的神道艇为人们拜佛许愿提供了方便；耍猴玩把戏的杂戏艇走到哪儿就把欢乐带到哪儿；典当艇的装修非常富丽豪华，人们进进出出，店主的生意一点也不比陆地上的典当行差；剃头匠的小艇则开得特别轻快，江上有人招呼一声，小艇一下子就到了跟前……这些数也数不清的小艇就构成了生机勃勃的水上商业世界。

洋船记忆：番舶排队入港　船上还有乐队

说完了中国的商船，咱们再去黄埔港看看外国人的大帆船吧。2006年，仿古商船"哥德堡号"访问广州时，刮起了一股不小的旋风。两百年前的外国商船长什么样儿，我们参照一下"哥德堡号"就知道个八九不离十了。按学者牟方君的说法，早在四百年前，广船的独门制造秘籍还给了西欧造船业不少帮衬呢。当时，那些最早来穗的"红毛番鬼"看到广船上的水密隔舱，大为惊叹，他们火速将这些技术引进欧洲，大大提高了出洋商船的航行能力和安全系数。可惜的是，西欧商船此后越造越大，满世界转悠；广船的制造却处处受到掣肘，朝廷一会儿下令不许制造"两桅以上大船"，一会儿又下令船只载重不许超过500石（约合30吨），虽然民间船商时常违令，但偷偷摸摸地干，肯定比不过人家正大光明地往大里造。到了18世纪初，载重数百吨的帆船在西欧人眼里都是小船了，而广船的载重却很少有超过百吨的。落后的制度使广船"起个大早，赶了晚集"。

在黄埔港，最扎眼的是英国东印度公司的船队。当时的旗昌洋行代理商亨特虽是英国东印度公司的竞争对手，但仍津津乐道于这些豪华大船停泊在港口的气魄："每艘船排成优美的行列，等待装运茶叶。那些巨大的船只……后部宽阔，船舷隆起，船头宽圆……每天大船轮流派小艇去广州……有的船上还有乐队，奏乐来款待客人。"

花船记忆：花船云集沙面　时常闹出新闻

要追忆"桨声艇影里的珠江"，紫洞艇就是个绕不开的话题。这些雕梁画栋的双层游船云集于陈塘一带，有数百艘之多。19世纪中叶，有个名叫张心泰的地方官在《粤游小志》里留下了紫洞艇的第一手记录。他说："艇有两层，谓之横楼，下层窗嵌玻璃，舱中陈设洋灯洋镜，入夜张灯，远望如万点明星照耀江面。"

张心泰是个文人，所以他文绉绉地把紫洞艇比作广寒宫。而在同一个时代造访广州的法国公使伊凡说起紫洞艇，用的就全是大白话了。他说，紫洞艇是水上浮城中装饰最漂亮的花船，船体侧面雕刻着唯有漂亮的中国象牙扇才能传达出来的艺术概念，船的主体是红色、蓝色或绿色的，凸出部分都仔细描了金。舱前4个灯笼，做工精美，挂在桅杆上，船尾插着4面菱形鲜艳的旗子，在风中起舞。你还别说，就这么几句大白话，紫洞艇的形象一下子在我眼前生动了起来。

紫洞艇是豪华的水上酒楼，有些宽敞的艇上，一楼大厅内可以同时摆上五六十桌。天南地北的山珍海味，只有客人想不到的，没有厨子做不出来的。席间还有漂亮的歌女献唱助兴，宴饮通宵达旦。虽然在这里喝上一顿，怎么着都得花掉上百个银圆，但前来光顾者仍络绎不绝。

地方一热闹，就容易出新闻。翻开当时的老画报，时而能见到发生在紫洞艇上的闹剧。比方说吧，按清朝的法律制度，官员本来是不应该到这种地方来喝酒的，一旦被抓到，就要打六十大板，可当时违禁的官员比比皆是。伊凡就经常看到"豪华的官船……点着灯笼，垂饰飞舞，驶向前去"，而"穿蓝纽扣衣服的官员正坐在桌子旁，桌上的陶瓷托盘里堆满果脯，像金字塔一样"的景象也绝不罕见。可时移事易，到了清朝末年，随着照相机技术的引入，这些人的风险就骤然加大了。这不，根据1908年《时事画报》的一则报道，一帮地方官员正在酒船上推杯换盏之时，一个有心的"旁观者"举起相机，把他们的丑态一个个都拍了下来。照片第二天就寄给了省里的主政官员，主政者勃然大怒，立刻下令严查，这几个官员只好自认倒霉，所谓"防火防盗防偷拍"，对紫洞艇上的达官贵人来说，的确是需要注意的一大戒律。

第一台欧洲古钢琴虽是从广东"进口"并远赴京城的,但直到1842年,第一架现代钢琴从英伦三岛远道而来,广州坊间才慢慢有了清越的钢琴声。20世纪30年代,马思聪常在长堤"音乐厅"演奏,钢琴大师鲁宾斯坦曾来穗献技……

欧洲钢琴四百年前已入粤

"琴纵三尺,横五尺,藏椟中;弦七十二,以金银或炼铁为之弦,各有柱,端通于外,鼓其端而自应……"这段话说的不是别的,恰是450多年前意大利传教士利玛窦从西洋千里迢迢带来的古钢琴。当年,远至香港、澳门,都是广州府的地盘,利玛窦在澳门展出了他的看家宝贝——古钢琴,引起当地居民的兴趣。用利玛窦自己的话来说,"他们喜欢它那柔和的声音和结构的新颖"。

不过，古钢琴在广州府不过是惊鸿一瞥，很快又跟着利玛窦远赴京城，取悦皇帝去了。直到1842年，第一批现代钢琴由英国商人从曼彻斯特运到广州。随着教堂和教会学校慢慢兴起，西洋音乐也渐渐走进普通人的生活。

利玛窦远道而来　古钢琴随之入粤

在1921年广州建市以前，广州府可是比"广州城"要有名得多，地盘也大得多，像现在的中山、珠海直至香港、澳门，都属于广州府的范畴。早在16世纪中期，葡萄牙商人获准在澳门居住。1582年，意大利传教士利玛窦带着他的看家宝贝——一架欧式古钢琴在澳门上岸。很快，澳门的三巴寺里就响起了清越的钢琴声，吸引了不少当地人前去聆听。利玛窦对此颇为得意地说："他们也羡慕我们的乐器，他们喜欢它那柔和的声音和结构的新颖。"

第二年，利玛窦从澳门来到肇庆，建起了内地第一座天主教堂——仙花寺，教堂里的西洋乐器仍是吸引本地人的一大法宝。不过，西洋镜虽然好看，要普通人说出道道来却不容易。再说，这钢琴在广东"只此一家，别无分店"，真正有幸接触的还是极少数人。

后来，利玛窦带着古钢琴远赴京城，与多位士大夫交好，他们用文字记录了下来，有人说："有外国道人利玛窦……出番琴，其制异于中国，用铜铁丝为弦，不用指弹，只以小板案，其声更清越……"只有"小板案"，到底是怎么个"案"法呢？清朝《续文献通考》写得更明白："琴纵三尺，横五尺，藏椟中；弦七十二，以金银或炼铁为之弦，各有柱，端通于外，鼓其端而自应……"据记载，利玛窦还写了几首宣传教义的古诗，配上调子，取名《西琴曲意》，可惜曲谱现已失传。

逐渐流行：市民见多识广　西洋乐器畅销

说广州民俗"开风气之先"，真是一点都不夸张。就拿现代钢琴来说吧，1709年由意大利人制造出来以后，不到一个半世纪就在广州"安家落户"了。您可别觉得"一个半世纪"的传播时间算不上有多长，那时又不是什么信息社会，就算在欧洲，钢琴主要只是供上流社会把玩，职业音乐家群体也才刚刚出现，连莫扎特这样最杰出的音乐家，没了皇室的青睐，也落得个贫病而死的结局，令人扼腕。广州在那个时候就已引入钢琴，算得上走在时代前列了。

言归正传，1842年，一名英国曼彻斯特商人远渡重洋，为广州城运来了第一批钢琴。关于这个"首吃螃蟹"的商人，坊间还有一段有趣的传说，可惜不能考证真伪。据说他当时对广州的钢琴市场规模充满期待，认为"平均每百户人家一台钢琴，无疑也是个巨大的销售市场"，于是充满自信地引领着浩浩荡荡的船队，运来了大批钢琴，孰料乏人问津，大大蚀了老本，郁闷到不行。

进口商郁闷不郁闷，咱们管不着，反正琴声慢慢在城里响了起来。1846年，广州出现了第一座基督教堂——东石角浸信会堂（在今八旗二马路附近）。每当教徒做礼拜时，这里就会传出悠长的圣咏和清越的钢琴伴奏。当石室圣心大教堂落成后，钢琴更成了不可或缺的弥撒伴奏乐器。随着教众渐渐增多，以钢琴为代表的西洋乐器也渐渐从教堂扩散至民间。钢琴堂而皇之地摆进了上等人家的客厅，在聚会上为主人增光添彩。

除了教堂，学校也是琴声最多的地方。拿广州第一所女校——成立于1872年的真光书院来说，音乐是学生的必修课之一。校长那夏理女士每周都会抽出固定的时间，教授学生乐理知识以及演奏。教会举办音乐会或唱诗活动时，真光学生就会前往，献奏数曲，赢得满堂彩。

据统计，到1919年，广东已有大小教堂900多座，教会学校也有近千所，这些教堂和学校对西洋音乐的普及起了极大的推动作用。事实上，到19世纪末，年轻人对西洋乐器的追逐已形成了一股风潮，邬庆时就曾这样写道："古琴，六十以上人尚多有好之，至少年，则群趋于胡琴、月琴、洋琴、风琴……求其知有古琴者，已不可得。琴之名存，而琴之实将亡矣。"老先生的寥落之感，溢于言表。

音乐盛宴：长堤"音乐厅" 常有大家亮相

不过，西洋乐器虽然慢慢开始流行，但在清末民初的广州城内，还真找不到一家正儿八经的音乐厅。幸好位于长堤的基督教青年会有个可容纳500人左右的礼堂，里边配备了一架三角钢琴，这里就成了独一无二的"音乐厅"。

虽说地方简陋了一点，但来长堤"音乐厅"开演奏会的却不乏大家。比如，著名音乐家马思聪就在这里开过好几场演奏会，听众听得如痴如醉。《广州民国日报》为此做了专门报道，赞誉称"马君天才，名符其实，技艺已造极峰"。

1931年，私立广州音乐学院成立，时年19岁的马思聪出任院长。彼时，位于上海的国立音专也才刚刚成立4年，院长萧友梅也是广东人，而且还是在当时广州著名的新式学堂——时敏学堂接受的音乐启蒙教育。不过，萧友梅当时已是43岁，马思聪比他整整年轻了24岁。"音乐神童"之誉，名副其实，他后来在广州写就的《思乡曲》《牧歌》等名曲更感动了千千万万国人。以冼星海、马思聪、萧友梅为代表的广东音乐家群体，代表着当时中国现代音乐的最高水平，此亦是广州在西方音乐的普及方面开风气之先的最佳写照。

回到普通人的音乐享受上，长堤"音乐厅"着实功不可没，基督教青年会经常邀请国外的知名音乐家来开演奏会。在1929年11月30日举行的中西音乐会上，就有来自德国、美国、日本以及中国的27位音乐家登台献艺，为观众奉上了一席丰盛的音乐大餐。

说起民国年间广州举行过的音乐会，还有一位大家不可不提，那便是世界级钢琴家阿图尔·鲁宾斯坦。1935年，鲁宾斯坦在东亚各国巡回演出，顺便造访广州，并在岭南大学举行了一场演奏会。著名音乐随笔作者辛丰年先生所著的《阿·鲁宾斯坦缤纷录》曾这样描述鲁宾斯坦事后的回忆："供我使用的那架琴好得惊人……大大激发了我的灵感，我弹得比此前任何一场都好……"这一场音乐盛宴，也因其世界顶级的水平被永远载入史册。

十三行鼎盛时期,"洋画"非常流行。它们虽是中国人画的,但用的多是西洋技法,买家也多是洋人。当时在靖远街和同文街上开业经营的洋画坊共有30多家,每年光随船出洋的洋画就达2000多幅……

岭南通草画家　广告打到伦敦

"可以向读者保证,如果他们希望在下次彗星访问地球之前的有限时间内永生,毫无疑问,最好是为母亲、姐妹、情人、知己、妻子留下一幅比她们心中更英俊漂亮的肖像——蓝阁(林呱)画的,只要15块钱,罕见的传真。"这是1835年《广东邮报》出现的一则外销画广告,行文用字可以说是摸准了在穗洋商的消费心理。这个广告主艺名林呱,是当时最出色的外销画画家之一。与林呱同街竞技的,还有新呱、东呱、奎呱、发呱……在十三行鼎盛时期,靖远街和同文街上的洋画坊共有30多家,掌握了西洋技法的中国画师以流水线的操作方式，快速绘出一张张肖像画、市井风情画、植物禽鸟画，卖给各路洋商。每年几千幅由中国画师绘制的"洋画"就从这里装运商船，销往欧美各地。这些洋画坊与十三行的兴衰如影随形，其留下的画作也镌刻了老广州最真实的记忆。

画室扎堆十三行　门面窄小生意大

两百多年前，广州的十三行商馆区虽然名震四海，其实规模并不大，南到珠江岸，北至十三行街，东到西濠，西至联兴街，方圆不过一平方千米。专供"番鬼"购物取乐的街道也只有豆栏街、同文街、靖远街等寥寥数条。在这里，外销画室的存在颇有点另类，别的酒铺、饭馆、布店、鞋庄乃至杂货店门前有成群的外国水手闹闹嚷嚷，这些画室里却很少喧哗。画室一般门面不大，一楼用来做生意，待售的画作在墙上挂得满满当当，柜台上还摆着各种本地风景明信片。洋人的口味多种多样，待售画作也无所不包，酥胸半露的欧洲美女肖像旁边，没准挂着慈眉善目的观音大士的画像。前来买画的洋人，不管是肖像画的拥趸，还是市井风情画的粉丝；不管是想回家馈赠亲友，还是回国转卖赚差价，都不难在这里找到"心头好"。如果他们愿意多出一点钱，还可以进行"高端定制"，在画室二楼现场工作的画师随时向他们敞开大门。

其实,"外销画"这个称谓是今天学者的说法。两百多年前,人们把它们称作"洋画",因为它们虽是中国人画的,但用的多是西洋技法,买家也多是洋人。据史料记载,当时在靖远街和同文街上开业经营的洋画坊共有30多家,每年光随船出洋的"洋画"就有2000多幅,更别提难以计数的明信片式的微型画了。画师的收入虽然不能跟富商巨贾相提并论,但也是相当体面的。像当时最出名的外销画画家林呱,每年都有两千两白银入账;其他一些画家虽然不如他,但也能跻身中上阶层;就算是画坊里地位较低的画工,每年也有三四十两银子入账,生活远比一般的劳动阶层优越。

十三行鼎盛时期,"洋画"何以如此流行?说来原因也再简单不过。如今"地球村"时代,不管你去到哪儿旅行,还时不时想写张明信片回家显摆呢(这两年或许改成了微信自拍),两百多年前来穗闯荡的各路洋商可都是在海上漂了大半年才来到广州的,这里的风土人情与家乡的差异又是如此之大,处处都让人惊讶,他们当然更想多弄些"明信片"寄回家了。再说西方到处都在闹"中国热",如果多运些充满东方风情的"明信片"回国销售,没准还能发笔小财。当时还没发明照相机,洋画坊出售的各类反映市井风情的画作就是最好的"明信片";此外,西方有浓厚的肖像画传统,洋商们特别喜欢委托画室绘制自己的肖像,或者寄给家人,缓解他们的思念之苦;或者作为礼物馈赠生意伙伴,加深彼此的友情。这些需求都为画师提供了广阔的市场空间。

画家大打广告　全球巡回办展

俗话说,没有金刚钻,别揽瓷器活。来穗闯荡的各路"番鬼"大多是商人,没有很高的文化品位,也不太能欣赏中国画的意境之美,他们最看重的还是"画得像"。如果中国画师不能掌握"透视""明暗对比"之类的绘画技巧,那就很难把洋人的钱挣到手。于是,取经学艺,掌握西洋画技,成了中国画师的第一要务。

取经的一大妙招是研习西洋佳作。据学者陈滢撰文所述,早在17世纪,就有西方画家搭乘商船来到广州作画了;到18世纪末19世纪初,随船前来广州"采风"的英法画家更是络绎不绝。他们留下了大量描绘珠江风景与市井风情的画作。这些画作被大量刊印和出版,成了本地画师模仿学习的最佳资料。不过,研习西洋画作毕竟只能算自学,如果能找个洋老师教一教,那就更妙了。当时,前来"采风"的洋画家大多来去匆匆,只有少数几个长居了下来,其中最有名的是英国画家钱纳利。这位老兄毕业于英国皇家美术学院,在英国画坛也是个响当当的人物,可惜为人浪荡不羁,后来因为欠了一屁股债,避居广东,以替洋商画像为生,一待就是20多年。作画之余,钱纳利也培养了一些本地的画家,其中最有成就的是上文提到的林呱。

要说国人的模仿能力,那真是超一流的。林呱原是钱纳利的跟班,帮着洗洗画具啥的,后来才跟着钱纳利学画。跟随钱纳利一段时间后,他对老师画风的模仿水平之高,几乎到了惟妙惟肖的地步。俗话说"教会徒弟,饿死师傅",林呱自立门户之后,钱纳利虽然没有被饿死,却也被气得半死。同样画一幅肖像画,他的要价不会低于50个银圆,林呱却只要15个银圆,因此大量订单转移到了林呱画室。钱纳利为此常破口大骂林呱是卑鄙小人,林呱却极少还击,毕竟订单比口水战要重要得多,况且"钱纳利学生"的身份是他招揽生意的金字招牌。

林呱的精明不仅体现在作画上,更体现在营销手段上。1835年,他就在《广东邮报》上打出了一则极其煽情的广告,广告词说道:"可以向读者保证,如果他们希望在下次彗星访问地球之前的有限时间内永生,毫无疑问,最好是为母亲、姐妹、情人、知己、妻子留下一幅比她们心中更英俊漂亮的肖像——蓝阁（林呱）画的，只要15块钱，罕见的传真。"他还多次委托代理人，在英国、美国参加画展，从而大大提高了自己在洋商圈子中的知名度。

当时的"洋画界"，林呱是最有成绩的领军人物，此外，还有庭呱、新呱、同呱、发呱等多名画家，还有很多画家的名字根本没有被记录下来。每年随船出洋的数千幅"洋画"就出自这些画家之手，随之走俏欧美。林呱的营销策略也被广为模仿。1857年，一个名叫孙呱的画家甚至将广告打到了远在英国的《伦敦新闻画报》上。

你可能要问了，为什么这些画家的名字里都带有一个"呱"字呢？其实，"某呱"不过是人们对手艺人的惯用称呼罢了，就像我们今天称呼"张工""李工"一样，至于他们的真实姓名，则基本上已杳然不可考了。

广州本土画匠　巧绘科学图鉴

说起两百多年前十三行一带洋画坊的常客，除了各路洋商外，还有一个身份极其特殊的群体——前来采集动植物标本的英国科学家。在劲吹欧美的"中国热"里，让普通人痴迷的是茶叶、丝绸和瓷器，让科学家朝思暮想的却是这个东方古国独有的花草与动物。

18世纪末19世纪初，英国皇家学会派出多名科学家，搭乘商船远赴广州，采集各种西方少见的动植物标本。为了落实皇家学会"一旦发现新奇、有用或美观的物种，一定要设法弄到手"的指示，这些科学家不辞辛苦，常常奔波于花市、鱼市和禽鸟市场，想方设法"定位"出更多的物种，其中光鸟类就不下100种，鱼类也有100多种，花草瓜果更是数不胜数。

这些新物种被"定位"出来以后，科学家们却开始犯难了，这里与伦敦相隔万里，航程时间少说也要四五个月，随船托运的植物大多在半途就枯死了，运到伦敦后已是面目全非，压根就没了研究价值；虽说可以做成标本寄回去，可标本也不能完全反映这些新物种的本来面目。科学家们想来想去，终于想到了救星——十三行一带的洋画坊。

画工们虽不知科学图鉴为何物，但只要提点得当，他们也能画得不错。让科学家挠头的是，当时的洋画坊里除了老板是主画师外，其他受聘而来的画工都是流水线作业的。一个画坊大多要雇用二三十个画工。他们有的专门管画树，有的专门管画脸，还有的专门管画手和脚，一张画总会由多个画工合作完成，甚至由老板承接的重要订单，底色和轮廓也是由画工完成的。这样的"流水线作业"才能尽可能缩短作画时间。

可这样的模式断然不能用在科学图谱的创作上，科学家们只得把画师请到家里，好吃好喝好招待，同时手把手地教，如何绘制出高度写实的植物花卉果实解剖图，如何保证动物的形态不失真，等画师一五一十地学会了，才把他们放回去。

科学家一旦与某个画师形成了合作关系，就会长期维持下去，很少中途更换，因为换人的成本实在太高。19世纪初受英国皇家学会派遣来穗的博物学家里夫斯就一直与一个名叫同呱的画师保持着极密切的往来。由同呱绘出的上千幅动植物图鉴至今仍收藏在英国自然历史博物馆中，成为中国画师为科学发展做出贡献的见证。

在老广州，营业时间最长的恐怕就是西餐厅了。它们多半是早上7时就开门迎客，要一直营业到半夜。西餐在老广州渐进流行的过程，也是东西方饮食文化交汇碰撞的过程。因此，随着西餐厅渐次增多，坊间的洋货也琳琅满目起来……

西餐两百年前落户老广州

"这些鱼肉是生吃的，生得几乎跟活鱼一样。然后，桌子的各个角都放着一盘盘烧得半生不熟的肉；这些肉都泡在浓汁里，要用一把剑一样形状的用具把肉一片片切下来……这些'番鬼'的脾气凶残是因为他们吃这种粗鄙原始的食物……"这是十三行时期旗昌洋行合伙人亨特所著《旧中国杂记》中的一段话，说的是一位广州商人在旗昌洋行的商馆里吃了顿西式大餐后发出的感慨。

所谓风水轮流转，最初被本地人嘲为"茹毛饮血"的西餐，很快就成了富商贵客追逐的时尚。据史料考证,1860年开业的太平馆是中国第一家西餐馆,而到了民国年间,太平馆、"华盛顿""东亚""爱群"等老牌西餐厅更是豪客云集,龙虾开胃、牛柳飘香。原本"粗鄙原始"的"番鬼"餐,就这样在广州城里遍地开花。

"番鬼"餐刀光闪闪　食生肉吓着粤商

说起最早见识到西餐的本地人,自然非十三行时期的行商莫属了。他们天天跟洋人打交道,自然比一般的本地人见多识广。再说生意场上,推杯换盏是免不了的,照顾对方的饮食习惯以取得好感,更为精明务实的行商所看重。早在1769年,行商潘启官就曾大摆宴席,一天是中餐,另一天是全英式的西餐,宾主尽欢。赴宴的外商对潘家豪奢的生活更是失惊打怪。一个在潘家赴过宴会的法国人在日记里写道,他的私人"宫殿"中有大批仆役,名厨技艺高超,外商在此出席晚宴,感到赏心悦目。散宴时,主人吩咐脚夫打着写有他家姓氏的大灯笼,护送客人返回商馆。可见,潘家厨子对西餐烹调之道颇为精通,这才能让那些洋商"乘兴而来,尽兴而归"。

不过，那时西餐的辐射范围也止于小小的十三行地区，出了那几条街，就没几个人知道西餐是啥玩意了。1831年的一天，旗昌洋行合伙人、美国人亨特在商馆里摆了桌家乡菜，宴请生意场上的朋友。其中一位广州本地人平常不怎么跟商馆里的洋人混，这一顿饭让他莫名惊诧，以至于写了一封信给朋友，细说短长。

机缘巧合，这封信又被转给了亨特。亨特兴之所至，就把它收进了《旧中国杂记》里。这位本地人写道："这些鱼肉是生吃的，生得几乎跟活鱼一样。然后，桌子的各个角都放着一盘盘烧得半生不熟的肉；这些肉都泡在浓汁里，要用一把剑一样形状的用具把肉一片片切下来，放在客人面前。我目睹了这一情景，才证实以前常听人说的是对的：这些'番鬼'的脾气凶残是因为他们吃的这种粗鄙原始的食物……接着又端上来一味吃起来令嗓子里火辣辣的东西。我旁边一位用夷语称为咖喱，用来拌着米饭吃。对于我来说，只有这米饭本身，就是唯一合我胃口的东西。然后是一种绿白色的物质，有一股浓烈的气味。……这东西叫乳酪，用来就着一种浑浑的红色的液体吃，这种液体会冒着泡漫出杯子来，弄脏人的衣服，其名称叫做啤酒。"从行为来看，亨特所摆的宴席是最最地道的西式吃法了，可惜这位老兄实在吃不惯，所以一点也不领情。

说实话,潘启官大摆西式宴席,未必是自己有多喜欢,更多的是投洋商之所好,倒是上述这位老兄的莫名惊诧,更能代表本地人对西餐的鄙夷。不过,事物总是慢慢起变化的。到了咸丰年间,文人雅士对西餐已见怪不怪了。当时的知名文人马启光在名作《岭南随笔》里大赞西餐之味美:"桌长一丈有余,以白花布覆之。羊豕等物全是烧燔,火腿前一日用水浸好,用火煎干,味颇鲜美,饭用鲜鸡杂熟米中煮,汁颇佳,点心凡四五种,皆极松脆。"这个时候,西餐的影响力仍止于上流社会的餐桌,但人们已慢慢学会接受和欣赏它们了。

徐老高中西合璧　太平馆横空出世

上流社会的喜好是社会时尚的风向标,既然城里的达官贵人已经接受了西餐的口味,并将其视为时髦和身份的象征,西餐厅的出现就是早晚的事了,走出第一步的是广州老字号——太平馆的首任店主徐老高。

说起徐老高,还真是个能人。他原来是旗昌洋行雇用的厨子,专门给洋商做饭。他心思敏捷,又勤快,因此学得一手烹调西餐的好手艺,尤其煎得一手好牛排。在洋行里打工,总是要看雇主的脸色,有时还会受到苛责。徐老高偏偏心直口快,有一次不慎顶撞了雇主,就此丢了饭碗。一怒之下,他决定"自主创业",做个卖牛排的"走鬼"维持生计。

其实,在清末民初的老广州,推着小车、挑着担子、沿街叫卖各式吃食的小贩多的是,但能把生意做大的真是凤毛麟角。徐老高的"自主创业"却获得了巨大成功,一来,他卖的是煎牛排,全城独一份;二来,他调的酱汁十分鲜美,而且用的是中式调料,很合本地人的胃口;三来,牛排售价十分亲民,口袋里只要有个一毫两毫的零钱,就能饱餐一顿。正所谓"好吃才是硬道理",徐氏牛排档的回头客越来越多,摊前经常拥挤不堪。在很多熟客的建议下,徐老高决定在太平沙开个固定的档口,后来赫赫有名的太平馆就此横空出世,时为1855年。在那个时候,京沪两地的西餐馆都还没影呢,据有关资料考证,太平馆是中国第一家西餐馆。

说起太平馆的"光荣史",人们或许已略知一二。像周恩来、邓颖超的婚礼就是在那里请的客;像国民革命军北伐誓师大会，太平馆一天送出上万份西点；像陈济棠、李济深等当时军政要员都是那里的常客……我就不一一详述了。这里要说的是太平馆的菜价：烧乳鸽1块银圆，葡国鸡5块银圆，焗蟹盖6毫，牛尾汤4毫，单点这4个招牌菜，就得花掉7块银圆，而那时普通家庭的月收入也不过几十块银圆而已，这消费还真是很高端。当然，彼时的太平馆日日有达官贵人盈门，不必再靠薄利多销来吸引顾客了。

洋老板入粤发财　西餐厅遍地开花

一个成熟的商业案例总会引来很多复制者。继太平馆之后，西餐厅渐次增多。沙面有东桥、玫瑰、域多利，惠爱路和永汉路（今北京路一带）有波士顿、威士顿、威士文、哥伦布等。开西餐厅的既有本地人，也有洋老板。比如，玫瑰和域多利这两家店，一为犹太人所开，一为英国人所开，他们算是近水楼台先得月。最为"高大上"的西餐厅则大多开在高级酒店里，爱群、新亚、美丽权大酒店的西餐厅就是其中的典型代表。你要想去那里吃餐饭摆个谱，先掂量下钱包里有几个银圆吧。

那么，是不是所有的西餐厅都走高端路线呢？其实，老广州商业发达，但凡有需求，就一定有人来做这门生意。早在1905年，本来主营中餐的岭南酒楼就瞅准市场机会，不失时机地推出西餐，还在报纸上打出广告："烹调各式西菜，美味无双，并巧制西饼。"岭南酒楼的价格还特别亲民，"全餐收银五毫，大餐收银一元"。平民百姓要想开个洋荤，去那儿是最合适的。

在老广州，营业时间最长的恐怕就是西餐厅了。它们多半是早上7时就开门迎客，要一直营业到半夜。各家招牌菜多有不同，太平馆有烧乳鸽、焗蟹盖、葡国鸡，"爱群"有洋葱牛扒，"哥伦布"有铁扒子鸡，"经济"有咖喱鸡。一到西方的圣诞节，各家也都会推出丰盛大餐，美味的圣诞布甸更是不可或缺。经验丰富的吃货自会老马识途，绘出令人垂涎欲滴的西餐寻味地图。

其实，西餐在老广州渐进流行的过程，也是东西方饮食文化交汇碰撞的过程。因此，随着西餐厅渐次增多，坊间大小商店货架上的洋货也渐渐琳琅满目起来。1894年的粤海关报告曾这样描述："在大街上可以看到许多商店出售外国食品，全是为供给中国人消费的。洋酒，特别是香槟酒，同糖食、饼干、沙拉油和罐头牛乳一起陈列在货架上。"遥想150多年前的广州城里，也是这样的冬夜，潮男潮女们品着香槟，切着牛扒，听着欢快的音乐，其时尚风情跟现在还真不相上下呢。

随着风气开放,自由观念渐入人心,西关小姐开始步出深闺,走上街头,走进教会学校,走入百货公司和跳舞场。她们脱下宽袍长衫,穿上合体的裙袄,显出纤细的腰肢,更大胆的一些则穿上了披风、马甲、大衣、西装……

西关小姐更衣记

"中国人外国装,外国人中国装""男子服饰像女,女子服饰像男""妓女效女学生,女学生效妓女""贫效富,富效娼,闺阁名媛不避服妖之目,高门贵妇时有惹目之衣"……借诸旧报刊上这些形象描绘,民国初年广州女子的服饰风尚热热闹闹地扑面而来。她们把上千年等级森严的衣饰禁忌抛在脑后,将"削肩、细腰、平胸"的传统审美标准弃如敝屣,勇敢地展示出粉颈、雪腕和傲人的曲线。一部广州近代女子的服饰风尚变迁史,就是她们摆脱重重禁锢,渐渐获得个性和自我的成长史。其中,生于富户巨贾之室的西关小姐,由于更早接受了"欧风美雨"的熏染，所以能一直立于时尚之潮头。且让我们徐徐翻开这一部西关小姐更衣记，重新回味那一段活色生香的历史。

晚清年间：装饰富丽无个性　女人更像衣架子

翻开晚清年间的画报，发现富家女上街是能上头条的大新闻。比如，光绪三十二年第十二期的《时事画报》刊登了题为《争看白衣女子》的新闻：一个身穿白色衣裙、拿着手帕子的富家小姐不过在十八甫一带买点东西，居然引来大批围观者，最后兵警出动，才替这个小姐解了围，可见富家小姐出门之不易。

与这个惊世骇俗的白衣女子相比，更多的西关小姐在当时还是"大门不出，二门不迈"，讲究"清静守贞、知书达礼"，其衣饰也遵循严格的礼制规范。清朝开国后，由于"男从女不从"，所以一直到晚清年间，汉家女子的装束还保持着明代遗风。盛行于十三行时期的外销画是我们观察清代西关小姐衣着风尚的极佳资料来源。在画家的笔下，这些大家小姐身上穿着对襟领的衣衫，长至膝盖，长衫之下是及地长裙。富丽的百褶裙极为常见，每条细褶还用金线绣出精致的花纹，足见做工之细腻。张爱玲曾在其名篇《更衣记》里说:"裙上的细褶是女人仪态最严格的试验,家教好的姑娘,莲步姗姗,百褶裙虽不至于纹丝不动,也只限于最轻微的摇摆。不惯穿裙的小家碧玉走起路来便予人以惊风骇浪的印象。"想来,那些深藏于西关大屋趟栊门后闺阁中的大家闺秀,从书桌绣案前站起身来,身上那一袭百褶裙必也只是微微摇摆,断不至于像惊涛骇浪一般。

晚清西关小姐的衣饰给人最深刻的印象便是装饰繁复、雍容华贵。衣襟、袖口和领子都有绳边镶嵌刺绣,上面的花鸟图案无不栩栩如生、精致夺目。据说这种镶滚刺绣工艺是以道数越多越为富丽的。在外销画上,身着"几镶几绲"的华服,裙摆处还点缀着流苏飘带的西关小姐并不少见。让人讶异的是,这些画作的主角似乎是衣服,而不是人。画上的女孩子表情大同小异,宽大的长衫长裙更是深深藏起她们的身体。本来嘛,按照传统的审美标准,女子总以贞静为美,削肩、细腰和平胸是王道,就算是知书达礼的西关小姐,也得努力成为"看不见的人",才算成功。

民国初年：中西合璧乱穿衣　女扮男装不稀奇

由于西关是外贸繁荣的富庶之地，就算是在服饰等级森严的晚清时期，一些更有好奇心，也更为勇敢的女孩子开始接受"欧风美雨"的熏染，衣着变得洋气起来。据19世纪中期到过广州的英国人呤唎回忆，他看到很多姑娘穿着欧式鞋，头上包着鲜艳的曼彻斯特式头巾，作手帕形，对角折叠。"我觉得广州姑娘的欧化癖是值得注意的。"呤唎说。

辛亥革命后，清朝严格的服饰禁忌被涤荡一空。随着风气开放，自由观念渐入人心，西关小姐开始步出深闺，走上街头，走进教会学校，走入百货公司和跳舞场。她们脱下宽袍长衫，穿上合体的裙袄，显出纤细的腰肢，更大胆的一些则穿上了披风、马甲、大衣、西装。她们第一次获得了选择服饰的权利，也通过这些选择尽情表达审美趣味和生活热情，"衣架子"变成了个性鲜明的人。

在封建社会，女人的裤子只能穿在裙子里边，穿裤子见人是大不敬。辛亥革命后，西关小姐就穿起了裤子。1911年9月，教育部颁布《学校制服规令》，规定女学生自"中等学校以上着裙，裙用黑"，但穿裙子练体操终归不方便，很多学校就采用短袄窄裤作为"操衣"。这样的紧身衣裤不仅便于行走，而且更能勾勒出身体曲线，很快就获得了青睐。作为最早获得受教育权的女孩子，西关小姐当仁不让地引领起这股时尚潮流。很多人不仅上课穿，下课也穿，甚至还穿着紧窄的衣裤，堂而皇之走出校门，就算被指责为"举止佻达，长袜猩红，袴不掩胫"，也毫不在乎。紧身裤之受欢迎程度，甚至使官方大为恐慌，以至教育当局特地颁布敕令，加以整顿，不过收效甚微。

"男女平权"是民国初年最受欢迎的舶来观念之一，在服饰上实现这一理想最为容易，于是女着男装成为另一种不可忽视的时尚，燕尾服、鸭舌帽、文明杖……无一不成为思想激进者的新宠。一时间女扮男装者频频见于街头，使守旧者摇头哀叹"妇女如花不系裙，扑朔迷离竟未分"。出身于西关官宦之家的张竹君是最早入读西医学校的女子之一，后来成了非常优秀的教育家和社会活动家。她本人就是个典型的"男装爱好者"，常常西装革履出现在各种公开场合，以彰显"谁说女子不如男"的勇气。

五四前后：文明新装广流行　高跟皮鞋是新宠

在那个舶来观念与固有传统激烈冲撞的年代，"文明"成了令人心醉神迷的一个词语。弃绝了旧礼俗、采用西式礼仪的婚礼被称为"文明新婚"；而抛却以往富丽烦琐的装饰、朴素雅致的短袄黑裙，则被称为"文明新装"。

翻开20世纪20年代广州一些教会中学的老照片，里边的女孩子一洗铅华，昔日西关小姐必戴的金簪珠钏全消失不见，上身的大襟袄长不过臀，腰身窄小，喇叭形的袖子中露出纤纤素腕。在早期的老照片中，女学生黑色的裙子大多长及脚踝，随着时间的推移，裙子渐渐变短，有的不过略盖过膝盖，大胆地露出小腿。"文明新装"本是女学生的专利，渐渐地就成为全城追逐的时尚，以至于青楼女子都以此为好，这便是旧报刊所说"妓女效女学生"之由来了。

在饰品方面，抛弃了簪钏、戒指、手镯、耳环的西关小姐很快有了新宠，那便是自来水笔和眼镜。在衣襟上斜插一根自来水笔，既是学习的需要，更是时髦的装饰，而她们对眼镜这一新时尚的迷恋，使得一些报纸记者发出讽刺之声："试观省垣各眼镜店，男女错杂，其门如市，获利颇厚。说

者谓新少年好架眼镜,其眼光可知云。"(1912年第7期《时事画报》)

丝袜是深得西关小姐青睐的另一个舶来品。在先施、真光、大新等百货公司里,各种颜色的丝袜应有尽有,甚至还有透明的。丝袜的美观与轻盈,显然是布袜所望尘莫及的。于是,丝袜自20世纪20年代初"入袭"广州后,很快就流行起来了。既然穿上了丝袜,以往的绣花鞋就显得土了,高跟皮鞋才能展示新女性的风采。于是,"女子靴声橐橐,马路中疾行如飞",人们不得不感叹:"昔日女子多柔顺气,今日女子多英爽气。"。西关大屋趟栊门后"莲瓣无声"的旧影,早已杳渺不可追了。

30年代:旗袍衬出曲线美　开衩越高越时髦

一说起旗袍,我们自然会把它跟"东方女性的曲线美"联系起来,《花样年华》里张曼玉身着一袭袭或华丽或清丽的旗袍,不知使多少人对民国女子的柔媚和风情心向往之。殊不知,这份柔媚和风情是20世纪20年代中期旗袍改良后的产物,在此之前,旗袍是又长又阔,厚重笨拙,几乎可与面口袋子媲美。

20世纪初,女性之所以把目光投向旗袍,并非爱美,而是出于"男女平等"的心理需要。原初意义上的旗袍本是满族人的民族服装,男女差别不大,都是"一件式"长袍,一直盖住脚跟。清廷颁布的服制规定,"男从女不从",汉族女子只能"上衣下裙",不得像男子一样穿长袍。待西风东渐,女权渐兴之时,都市女性自然也要试一试长袍马褂,以挑战男性的权威。在一张拍摄于20世纪20年代中的"广州各界人士欢送国民革命军总司令部北伐"的老照片上,我看到了身着旗袍的何香凝和陈洁如,那时的旗袍十分宽大,基本上没有曲线可言。

"男女平等"的价值追求终归过于抽象,很快便让位于女孩子们对美和时尚的爱好了。20世纪30年代初,广州的时装店开始专门设计有腰翘的紧身旗袍,并能根据顾客的需要量身定做,直筒旗袍开始退出江湖。旗袍的料子也越来越多,亮丽的锦缎、细密的丝绒、轻透的云纱……不一而足。西关小姐又一次站在了时尚前沿,在她们身上,旗袍的领子渐渐开低,长度渐渐缩至膝盖,袖子也越收越窄。本来旗袍的开衩只有几寸,但时尚的事谁说得准呢?没两年时间,衩就越开越高,腰身越收越细,袖子越来越短,最后干脆剪没了,无袖旗袍大行其道。

到了 20 世纪 30 年代中期，穿着低领短旗袍的西关小姐已成为长堤商业街的一道风景。当年，西关名医黄宝坚的少奶奶常让私家黄包车拉她到爱群大厦跳舞、溜冰，而被称为最后一位"西关小姐"的颜妙芳也时时开着福特小轿车到爱群大厦跳舞消遣。她们身上一件件柔美的旗袍，成了老广州最活色生香的回忆。

书香文脉篇

四围绿水琴无谱,十里红云画有声。
见说流花桥畔路,斜阳吟到月微明。

—— 清·曹雨村

在"岭南四大藏书楼"中,岳雪楼、粤雅堂和海山仙馆是典型的私家藏书楼,而万木草堂则已带上了公共图书馆的色彩。海山仙馆的消亡是一个让人纠结的故事,与海山仙馆一样,万木草堂的藏书也没能避免颠沛流离的命运……

海山仙馆 万木草堂:老广州藏书楼气度不凡

约两百年前,海山仙馆刻印数百卷典籍,新学书籍占四分之一;一百多年前,万木草堂坐拥数万卷藏书,运作仿效西欧图书馆。这两大藏书楼曾见证了清朝和民国年间广州的文化盛衰和历史变迁,如今却只能在史料、典籍中追忆过往了。

海山仙馆:希腊先贤著作 纳入诸子文集

在寻找老广州藏书楼踪迹的时候,我上了好几家电商网站,尝试着用"海山仙馆丛书"作为关键字搜索了一下,结果不能不说是个惊喜,这套西关富商潘仕成刻印的大型丛书不仅有出版社重新刊印出版,而且还真有一些拥趸。这套最初刻印于约两百年前的大型丛书,出于岭南第一名园——荔枝湾畔的海山仙馆,因包含了大量科技新学著作而独领全国风气之先。与岳雪楼与粤雅堂一样,海山仙馆最终也未能逃脱被查抄和毁灭的命运。还好,它所刻印的书籍被保留了下来,而借由其传承下来的知识,就算到了电子商务时代,依然没有过时。

"海山仙馆"这个名字,总让我想起"忽闻海上有仙山,山在虚无缥缈间"这句诗,这座约两百年前位于荔枝湾一带的私家花园,是行商潘仕成在南汉王朝的御花园——昌华苑的遗址上盖起来的。潘仕成是同文行潘家的后人,以经营盐业发家,是当时最有影响力的儒商,海山仙馆在广州也是人尽皆知。

据《番禺县志》记载,这座"红蕖万柄,风廊烟溆,迤逦十余里"的私家园林极尽奢华,宝贝无数。其中,光是展示所藏历代名家墨宝的回廊就有300多间,而它所收藏的稀有宋元典籍更有磁石一般的吸引力。在海山仙馆,不管主人是否在家,与其相熟的客人都可以不请自来,或赏玩珍籍,或切磋学问，可以说是"谈笑有鸿儒，往来无白丁"，其"入场资格"在城中精英的眼里有着相当的分量。

然而，真正使海山仙馆"冠于岭南"的，不是"镶着宝石的枝形吊灯"和"点缀着珍珠母、金、银的檀木柱"，不是"雕镂藻饰，无不工致"的亭台水榭，甚至也不是那搜罗了历代名人真迹的300多间回廊，而是离园子大门不远的书坊和印刷所，在这里潘仕成印出了令知识界耳目一新的"海山仙馆丛书"。以今人的眼光看，潘仕成是个复杂的双面体：一方面，他风雅好古，经商之余也爱吟诗作赋，其水平不低于常到仙馆来的文人墨客；另一方面，他又精通外语，对西方科技有着强烈的兴趣，甚至还建了一个化学实验室，里边摆满了各种酸剂，用来研制雷管和火药。后来，在两广总督耆英的提携下，潘仕成在经营盐务之余，大力建船厂、造火药、制枪支，成为广东洋务圈子里的中坚力量。因为这样"中西合璧"的个人经历和风格，潘仕成在刻印"海山仙馆丛书"时，便有了极其独到的眼光。

"海山仙馆丛书"依然按传统的"经、史、子、集"来分类，传统珍贵典籍不必多说，用"坊间稀有，弥足珍贵"几个字就可以概括，丛书最大的亮点出在"子部"。潘仕成眼里的"诸子",除了中国历代先贤之外,还包括古希腊和欧洲文艺复兴时期的学术巨匠。欧几里得的《几何原本》《测量法义》,意大利传教士利玛窦的《同文指算》《寰容教义》,英国医生合信所著、开广州西医治疗之先的《全体新论》,德国传教士汤若望介绍火器制造的巨著《火攻挈要》,等等,全都纳入了丛书的"子部"。据学者统计,"海山仙馆丛书"近500卷,其中新学书籍就占了近四分之一。这在当时,别说是在广州,就是在全国也是绝无仅有的。

海山仙馆的消亡又是一个让人纠结的故事。潘仕成到了晚年之后,因为在官场上失去靠山以及经营盐务出现巨大亏空,被官府抄家,海山仙馆也被南海县收归"国有"。由于海山仙馆价格过于高昂,南海县一时找不到买家,居然想出了卖彩票的办法来变现。中奖者是一位私塾先生,他骤然暴富,顿时吃喝嫖赌,无所不为,海山仙馆里的典籍、字画、古玩乃至山石、家具,都被逐渐变卖,换作嫖资赌资。没几年,海山仙馆就彻底破落了,昔日的亭台水榭变成了断瓦颓垣,荷塘变成了农田;刻出"海山仙馆丛书"的书坊和印刷所,也结满了蛛网,无人问津。好在潘仕成遭遇抄家后没多久就抑郁离世了,不必再为这样的景象而伤心。

万木草堂：康有为出手豪阔　学子坐拥万卷书

在晚清至民国初年，岳雪楼、粤雅堂、海山仙馆和万木草堂是公认的广州最好的四大藏书楼，最为今人熟悉的，当然是康有为办起来的万木草堂了。

学过中学历史的人都知道，1881年，一介布衣康有为向朝廷上书，请求变法，结果一无所获。康有为无奈回到广州，开始在朋友圈里传播维新变法的理念。1891年，他租下了长兴里邱氏书屋，开办万木草堂，一年后草堂迁至卫边街的邝氏祠，最后又迁至学宫街的仰高祠。万木草堂培养出来的人才，除了梁启超、康广仁，还有当时《万国公报》的总编麦猛华、《强学报》的主笔徐勤、何树龄等一大批维新中坚力量。据说，万木草堂办学期间，前前后后到此求学的年轻人有上千人之多，以至于康有为后来过七十大寿时，梁启超还写下了"亲授业者盖三千焉"的祝寿词，竟直接把康有为比作孔子，拍了他好大一记马屁。

万木草堂既是学校，跟藏书楼又有什么关系呢？所谓藏书楼，其实就是万木草堂的图书馆所在。就藏书量而言，万木草堂可一点也不比其他三家逊色，其中有一大部分是康有为从南海故宅搬出来的古籍。康家世居岭南，也算得上是个望族，世代积累的藏书有数万卷之多，这些藏书除一小部分留在南海外，其余全被康有为运进了万木草堂。

此外，康有为不惜重金，大举购进西学新学书籍。学界有个统计，上海江南制造局所译西学书籍，30年间才卖出的12000本，其中康有为一人就买了3000本。康有为出手如此豪阔，当然有他自己的考虑。梁启超曾在《康南海先生传》中说，康有为"及道香港、上海，见西人殖民政治之完整，属地如此，本国之更进可知。因思其所以致此者，必有道德学问以为之本原，乃悉购江南制造局及西教会所译出各书尽读之"。说实话，由于历史修养的欠缺，我每次想起康有为，总摆脱不了一个"脑后拖着根辫子的保守小老头"的刻板印象，可读了这段话，看到他能透过"坚船利炮"的表象，去追寻"道德学问之本原"，又觉得他的见识远高过同时代之人，令人真心佩服。

不过，康有为不辞辛苦，把几万卷珍贵藏书都搬到万木草堂，当然不是只为了一个人读，而是要跟学生一起读。在"岭南四大藏书楼"中，岳雪楼、粤雅堂和海山仙馆是典型的私家藏书楼，而万木草堂则已带上了公共图书馆的色彩。

在这里,图书的借阅者是学生,管理者也是学生。岭南近代著名教育家卢湘父年轻时曾在万木草堂求学,他回忆说:"万木草堂藏书,凡数万卷,分贮百余箱,藏之一室,加以扃鐍,由同学次第轮值,管理其书,专供同门之借读而参考焉。"对图书管理员的工作,卢湘父一向乐此不疲,因为可以借此"以窥中秘"。

梁启超每次回忆起徜徉在草堂书海里的日子,也是深情款款。他说:"在万木草堂我们除听讲外,主要是靠自己读书、写笔记。……除读中国古书外,还要读很多西洋的书。如江南制造局关于声、光、化、电等科学译述百数十种,皆所应读。容闳、严复诸留学先辈的译本及外国传教士如傅兰雅、李提摩泰等的译本皆读。"看来,梁启超后来能成为学贯中西的一代巨匠,万木草堂的藏书绝对功不可没。

与海山仙馆一样,万木草堂的藏书也没能避免颠沛流离的命运。1898年,戊戌变法失败,万木草堂被清廷查抄。据学者苏全有考证,草堂部分藏书被焚烧,还有一部分被总督府没收,之后拨入张之洞创办的广雅书院。辛亥革命后,康有为从海外归国,广东军政府发还了万木草堂被查没的藏书,这些书籍才算物归原主。

19世纪初的广州读书人,不会不知岳雪楼和粤雅堂。位于太平沙的岳雪楼藏书33万卷,珍本、善本无数;白鹅潭附近的粤雅堂则刻书数十年,出版典籍上千卷……看着这两座遥遥相望的藏书楼,爱书之人也会灵台清明,心生喜悦。

藏书楼阁已寂灭　太平沙里余墨香

有一次,请一个从外地来的朋友在泮溪酒家喝早茶,对方刚一脸陶醉地吃下10种粤式点心,就对我说:"你们广州好是好,就是缺少文化。"虽已听惯了这样的论调,可我还是忍不住想告诉他,酒家不远处,两百年前就有一座蔚为壮观的藏书楼,刊印了《几何原本》《全体新论》《测量法义》等大量西学经典,一时全国无出其右;再多走几里路,如今充满市井气息的太平沙,也曾矗立着一座密藏了30多万卷珍贵典籍的岳雪楼;再沿着江边走到白鹅潭,曾有一座"美酒千壶书万卷"的粤雅堂,抢救了无数珍本、善本。如果这些都不算文化，那到底什么是文化？

然而，我还是把到了嘴边的话咽了下去。因为我怕他问我，那些藏书楼今何在？倒不是担心这个问题无法回答，而是说起来太复杂，他未必有耐心听完。当这些藏书楼的主人被乱世裹挟着载沉载浮，个体命运尚且无法自主，被他们视若珍宝的藏书自然更难避免毁于兵火、查抄等悲惨命运。那些曾辉煌一时的藏书楼也被人们淡忘了。

岳雪楼：盐商嗜书成癖　偷运皇宫珍本

两百年前的太平沙，远不像现在这么热闹。这一片江畔的小沙洲垂柳依依，荷塘处处，是当时数一数二的风景区，很多富人都在此建宅小住，亭台楼阁几乎连成一片。

在这些亭台楼阁中，专门为藏书而建的岳雪楼是最诗意的存在。由于图片资料的缺乏，我实在无法依靠想象重构它的真容，但既然史料上记载它曾坐拥33万卷珍贵藏书，其气魄恢宏可想而知。这里的宝藏数不胜数：它抄录的《四库全书》，选抄的是外间并无传世的"四库未传本"和"永乐大典本"；它收藏的珍贵书画，集纳了吴道子的《天王送子图》、唐拓《云麾将军李元秀碑》、宋拓汉《礼器碑》、宋拓唐《九成宫醴泉铭》等稀有真迹；而它最知名的藏书，则是清初皇宫内府刻印的《钦定古今图书集成》。据学者吴丹青研究，这套书有一万卷之多，是岳雪楼的主人、大盐商孔广陶花费巨资买通了太监，从皇宫大内悄悄运出来的。只这一套《钦定古今图书集成》，就不知道会让多少读书人朝思暮想，更别说那33万卷藏书给岳雪楼带来的快乐，难怪它的主人有时直接以"三十三万卷楼"来称呼这个心爱之所。

对我来说，孔广陶这个名字是极为陌生的，历史资料上"孔子第七十代孙"和"出身于盐商世家"的寥寥数语，不过是抽象的符号，倒是"嗜书如命"这个评价使我顿生亲切之感。每月几十万两白银的收入，为他四处搜罗珍贵典籍提供了财力支持，但他数十年如一日的坚持，却真的是因为"我喜欢"。如果你怀疑我过于武断，那不妨到各大网上书城搜索一本名为《北堂书钞》的典籍。这部共180卷的皇皇巨著是当时读书人常用的工具书，其功能相当于今天的"百度百科"。它的编校者正是孔广陶，他在前人的基础上做了全面的校注工作，为没有来源的正文一条条注明出处。如果不是真心喜欢，就算有再多人帮忙，恐怕他也无法把这个看着很是枯燥的工作坚持下来。

要说，嗜书如命的孔广陶还算是幸运的，在他的有生之年，岳雪楼一直是让他身心安适的精神家园。1890年，他离开人世。10多年之后，清政府将盐业由商办改为官办，孔家日渐败落，再也没有财力支撑岳雪楼的庞大开销，岳雪楼的藏书渐渐散落，有的流于海外，有的后来入藏于国内多家图书馆，建筑本身更是日见破败，最终被推倒了事。至于它被推倒的具体时间，连孔家的后人都说不上来。爱书之人走了，藏书散落了，又有谁会在乎一座藏书楼的命运呢？

粤雅堂：丛书千余卷　成最有影响力巨著

如果我是19世纪初的一个读书人，全城我最喜欢走的地方，应该就是从太平沙到白鹅潭的那段江堤。风和日丽的时候，从岳雪楼出发，往西走上几里地，就是当时另一座闻名遐迩的藏书楼——粤雅堂了。虽说当时的藏书楼是私家重地，外人不得擅入，可就像朝圣者只要远远看着大教堂的塔顶就会感到安慰一样，一个真心爱书之人，看着这两座遥遥相望的藏书楼，也会灵台清明，心生喜悦。

如果在粤雅堂，你没准还能讨杯酒喝，因为它本来就是个"美酒千壶书万卷"的好地方，还有学者在此校书、刻书、切磋学问。"万卷"当然是个虚数,至于具体的藏书量,由于史料的缺乏,的确不得而知,但鉴于其主人的名声,以及张之洞对其"五百年不可磨灭"的评价,你如果把"一万"理解成实数,那一定会犯大大低估的错误。

相比孔广陶,粤雅堂的主人对我来说要熟悉得多,他就是两百多年前广州首富伍秉鉴的儿子、怡和行第三任行主——伍崇曜。作为行商的伍崇曜,时时要周旋于洋人和官府之间,在战乱突起的时代大背景下,还得背负着原罪和耻辱,小心翼翼地去谈判、斡旋、捐钱、赔款。没有几个人能长期承受这样的压力,伍家的首富传奇两百年来为人们所津津乐道。但除了伍秉鉴外,伍家的男人大多英年早逝,这是他们为保全家业而支付的最昂贵的代价。伍崇曜也只活了53岁,在他矛盾而又压力重重的短暂一生中,也许只有藏书和刻书才给了他真正的精神安慰。

伍崇曜是一个藏书家,时常不计辛苦四处搜罗各类孤本、秘本、善本,每找到一本秘籍便喜不自胜;但他更是一个出版家,孜孜不倦数十年,使大量珍贵典籍被公众所知。

伍崇曜刻书的动机很简单:广州街面上书坊里充斥的全

是针对八股考试的应景之作，真正的经典乏善可陈。他有生意要忙，自然无法事事亲力亲为，因此找到了学者谭莹，两人联手合作，一干就是近20年。谭莹是当时鼎鼎大名的才子，熟读粤中典籍，对本土掌故如数家珍。于是，他们就从地方文献入手，先刻了300多卷的《岭南遗书》，收录的全是岭南先贤的著述；其间，他们还见缝插针，刻了多达182卷的《粤十三家集》和74卷的《楚庭耆旧遗诗》，历代本土诗人的作品几乎"尽入囊中"。这几套丛书耗去了两人10多年时光，但与后来耗时近30年的"粤雅堂丛书"相比，又完全是小巫见大巫了。"粤雅堂丛书"有千余卷，收录了10种唐代文献、44种宋代文献、11种元代文献、17种明代文献，其余则为清代文献。据多名学者研究，"粤雅堂丛书"是清末最有影响力的皇皇巨著之一，而其得以问世的背后，是一个商人和一个学者要将广东重要著述"悉数纳入"、传之后世的苦心。

粤雅堂的命运与它的主人一样令人唏嘘。1856年，粤雅堂在著名的"十三行大火"中被付之一炬；1857年，伍崇曜抱恨离开人世，幸而"粤雅堂丛书"的刻印工作在谭莹及伍家后人的手里坚持了下来；1871年，谭莹去世；1875年，整套丛书全部刻毕，此时，距伍崇曜溘然长逝已过去了18年。

早在1902年出版的《蒙学中国历史教科书》中,就有了"海上丝绸之路"的介绍,教科书作者、一代名流丁宝书先生将"欧人东渡之原因""葡萄牙人之东渡""西班牙人之东渡""英法荷兰人之东渡"等历史事实一一说明……

百年前老课本　细说"海上丝路"

"早起身,下床去,先洒水,后扫地,开窗门,抹台椅,洗完面,梳条辫,见先生,要叫声……"这是科举制度废除之后,流行于南粤的新训蒙"三字经",虽然形式依旧传统,但内容浅显活泼,大大拉近了与儿童的心理距离。

"时船中电灯照耀,俨如白昼,乐工奏曲,不改常度。久之,乃易其欢愉之调,而为庄重之歌。歌曰:'上帝乎,吾将近汝。'洎船沉,歌声乃随之俱沉于海底……"这是辛亥革命后商务印书馆出版的国文教材中一篇介绍"泰坦尼克号"事件的文章,课本出版时,距"泰坦尼克号"事件的发生只有两个月。

伴随着内容的变化,100多年前的启蒙课堂经历了"千年未有之巨变",回顾这一段历史,或许我们更能直观地理解"进步"的曲折与艰难。

晚清私塾:初级课《三字经》《千字文》
中级课《百家姓》《成语考》

说起来,我真是无知,一直以为废除科举考试是很遥远的事儿了,一翻资料才知道,原来它就发生在1905年。在科举制度被废除前后,在启蒙教育这一行里唱主角的,当时就是私塾,其时广州就有80多家。

这些私塾分三类:一类是塾师,要么在自己家里,要么在街上租个铺面开馆授徒,这叫"家塾";一类由宗族出钱,延师教学,本族弟子免费入读,这叫"义学";还有一类是那些更有钱的人家,聘请老师来家讲课,这叫"坐馆"。

不管是哪一类,课程内容都差不多,孩子刚入学,先读《三字经》《千字文》《幼学诗》。今天我们耳熟能详的"人之初,性本善……""天地玄黄、宇宙洪荒""万般皆下品,唯有读书高"等词句,其实是当时最为初级的识字教材。不过,现在很多人把它们当作国学经典来贩卖给公众,这说明他们对国学几乎一无所知。

读完《三字经》《千字文》《幼学诗》,接下来就要读《千家诗》《成语考》《百家姓》……这些算是中级课程的内容。如果父母只是希望孩子学会识字算账,以后好帮补家计做买卖,那学完中级课程就差不多了;但如果有志于参加科举考试,那就还得继续苦读四书五经。不过,这已是高级课程,不能再算入"启蒙课程"的范畴了,这里我们也暂且打住不说。

有趣的是,在传统私塾里,先生和学生不是"面对面"坐着的。查看当年的老照片,阴暗的私塾内,先生高坐最后一排,前面几排的学生背对着他,个个摇头晃脑做读书状。这在今人看来是很奇怪的安排,在当时自有它的道理:反正老师也没有什么讲解,就是一遍遍念,念到背熟为止。所以,那时的私塾总是市面上最喧闹的地方之一,用晚清年间来到广州的传教士卫三畏的话来说,私塾里的每个孩子"都像拍卖商一样大声叫喊"。

1875年7月的一期《纽约时报》刊登了一篇题为《令人恐怖的考试制度》的文章，作者对孩子们一上学就读圣人的言论表示莫名惊诧。因为在英国，没人能够想象一个七八岁的孩子能够正确理解希腊、罗马哲学家的经典著作。不过，后来他也发现了，其实在中国传统私塾的课堂上，学生是否"理解"并不重要，能够机械地背诵出来，为将来的考试做好准备，才是最重要的。

新学课堂："泰坦尼克号"故事 进入国文课本

1903年，日薄西山的清政府颁布了《奏定初等小学堂章程》和《奏定高等小学堂章程》，一方面要求各地私塾改进教学，一方面要求有条件的地方开办正规小学堂。1905年，科举考试终于被废除，传统启蒙教材在私塾里再无"一统江湖"的能力。

广州是"开风气之先"的地方，新教材流行起来的速度也特别快。在广州文仕文化博物档案馆提供的材料中，我看到了20世纪初流行于广州的一套新训蒙教材，"早起身，下床去，先洒水，后扫地，开窗门，抹台椅，洗完面，梳条辫，见先生，要叫声……"，这是"新版《三字经》"；"同台食饭，手足莫横,若要饮汤,让人起羹……",这是"新版《千字文》";"记得细时好,跟娘去饮茶,门前磨蚬壳,巷口拨泥沙,只脚踩狮狗,屈针钓鱼虾",这是"新版《幼学诗》"。这套新训蒙教材虽然还是文言形式,但一改说教口吻,用词浅显活泼,特别符合孩子的天性,所以出版后风行南粤,直到现在,很多老人家都还能背得出来。

1903年,虽是清政府开办正规学校的开始,但在广州,新式学堂的出现要早得多。据《广东省志·教育志》记载,早在1898年,教育名流邓家骧就在西关创办了时敏学堂,附设时敏小学;同一年,邓尔雅和杜枚叔等又在今天的高第街附近开办了启明学堂,之后路得女学、述善学堂等小学先后开办。辛亥革命之后,新式学堂的开办也大大加速,到1925年,全市公立小学已有70多家。

随着革新脚步的加快,启蒙教材里也有了越来越多"外面世界"的影子。大家都知道,"海上丝绸之路"是现在的一个大热的话题,其实早在1902年出版的《蒙学中国历史教科书》中,就有了"海上丝绸之路"的介绍,在题为《欧洲列国之东渡》的章节之下,教科书作者、一代名流丁宝书先生将"欧人东渡之原因""葡萄牙人之东渡""西班牙人之东渡""英法荷兰人之东渡"等历史事实一一说明,虽然每个话题不过百余字,但足以能让孩子了解历史全貌。更有意思的是,这套教科书开宗明义,要"叙过去进化之现象,为未来进化之引线",可见进化论对当时知识界的影响之深。

除了"海上丝绸之路","泰坦尼克号"事件也被写入教科书。由商务印书馆出版的《共和国教科书·新国文》教材用整整两篇课文介绍了"泰坦尼克号"(当时译为"铁达尼号")遇险事件。让人钦佩的是,教材出版的时候,距"泰坦尼克号"事件的发生不过两个月时间,可见商务印书馆反应之快。且让我们读一段教材中的原文:"时船中电灯照耀,俨如白昼,乐工奏曲,不改常度。久之,乃易其欢愉之调,而为庄重之歌。歌曰:'上帝乎,吾将近汝。'洎船沉,歌声乃随之俱沉于海底……是役也,船员无不以死守职,秩序井然。旅客之舍身救人者,不可胜数。妇女亦镇定,罕闻啜泣声。间有依恋其夫,誓不愿行者,船员亦听之,不相强也……"这样的文字的确能让孩子真实地体会到人性的美好。当然,到了今天,文言文的形式是不能再学了,但这些文字里所蕴含的尊严和真诚,仍然值得教育者们借鉴。

不过,替那时的老教材说了这么多好话,可不代表那时的教育有多完美。事实上，在任何一个"新旧交替"的时期，总会有很多人"适应不良"。不信，让我们翻开昔日省立女子师范学校总务处主任罗宗堂先生的一篇回忆文章，这篇文章发表在《广州文史资料存稿选编》第7辑上。罗老先生在文中回忆道，清末民初的各家学堂，教师都有听差伺候，每当上课铃响时，就有听差走到教员休息室，鞠躬请驾，教员们这才施施然拿起粉笔，走进教室。而且，虽然各校都按章程开了图画、手工、音乐、物理和化学课，但由于老师奇缺，所以兼课者大有人在。可很多兼课者能力也相当一般，上实验课不会操作实验仪器的，上地理历史课连挂图都没有一张的，上音乐课唱点流行粤曲小调的，在课堂上比比皆是。这些当时人们见怪不怪的现象也提醒着我们，千万别过于美化那个时代的教育，从而歪曲了事实。

据学者研究，近代广州的印刷技术一直走在全国前列。20世纪初，一些专业的制版公司率先从西方引进"电版"技术，利用机器进行排版，雕版印刷升级为机器制版，简直一下子有了"鸟枪换炮"的感觉，大大提升了读者的阅读体验。

双门底书坊街　热卖"福尔摩斯"

"《福尔摩斯》，三毫；《近世中国秘史》，五毫；《明季稗史》，九毫；《致富全书》，三毫；《广东英雄》，一毫；《广东女英雄》，三毫；《官场现形记》，两元……"这张图书价目表，是不是看得你既有点头晕，又有点似曾相识？这是100多年前广州城里双门底（今北京路）大街一带数十家书坊的畅销书籍。那时，从现在的书坊街，向东折入西湖路，接着由西湖路折入北京路，直至财厅一带，密密匝匝集中了数百家书坊，从正经的严肃书籍到八卦的言情小说，无所不刻，无所不卖。诚实地说,对照这份书单,很难说100多年后的今天,我们的阅读品位有了多大的提高。

上百"出版社"聚集　全国少见

现在,从书坊街走到北京路财厅一带,只有千把米的路程了,十几分钟也就走完了。不过,若回到一两百年前,这里可是聚集了上百家书坊,"书坊街"的名称正是由此而来。与现在的书店不同,那时一家书坊就是一个小小的出版社,临街的店面卖书,后面就是印刷工场。那时出版也没有要申请书号一说,什么黄历、唱本、医书、科举范文、占卜星相书,乃至"经史子集"等学术书,只要客户有需求,这里无所不刻。当然,不同的书坊侧重点还是有所不同,有的主要承接官方委托,印刷学术书籍;有的以醉心风雅的富商巨贾为对象,替他们精心刊印诗歌文献,以图青史留名;有的则迎合普罗大众的八卦口味,大量印刷言情小说和侦探小说。上百家"出版社"就聚集在这么巴掌大的一块地方,从九曜坊的"麟书阁""翰元楼""锦书堂",到西湖街的"汗青斋""行远堂""刘云阁",再到双门底的"文远楼""古香楼""伟文堂",一路鳞次栉比,竞争之激烈、业态之繁荣可想而知。

事实上，据学者研究，清代道光、咸丰年间，广州"出版社"之多，在全国仅次于北京和苏州，位居第三。所以，从书坊街到双门底一带是当时闻名全国的"文化地标"之一，凡是到访广州的读书人，都要到这里转一转，找一找自己心仪的古籍珍本，否则就算白来了一趟。

那么，这一带为何云集了这么多书坊呢？这当然与其地理位置有关。当时的人们站在双门底大街的城楼（曾持续存在一千年，20世纪初因"拆城筑路"而消失）上一望，北边不远处是一排排的衙门，知府、巡抚、总督全住在这儿，那时的大官都是文人，其中更有阮元、赵翼这样的学术明星，书坊大量的刻书印务都从这些衙门里来；往南，则是设在九曜坊的提学使衙门，那是省内主管教育、科举考试的最高机构，相当于今天的"教育厅"；东面，是广府学宫和番禺学宫；西面，是南海学宫，全是读书人扎堆的地方。

不过，说实话，书坊要想繁荣，还得人们真心想读书才行，不然，上百家"出版社"断不能都获得足够的生存空间，没准其中的一大半都得改行卖烧烤和小龙虾，那些风雅的名字，也多半就真的飘逝在风中了。

总督请人喝茶　登上油印小报

说是"前店后厂",但没有哪家书坊死心眼到只卖自己刻印的图书,别处甚至是省外刻印的书籍,它们照样会进货售卖,有的同时还代售报纸。提起百多年前的报纸,有一种小报是我们以前没说过的,可特别能激起人们的阅读欲望,它叫作"辕门抄"。

所谓"辕门",就是衙门的意思,"辕门抄"就是报道省衙政事动态的报纸。令人意外的是,这样一份进行权威政务报道的报纸,却是私营的。办"辕门抄"的人一般都在衙门里头有些关系,借此培植一批"线人",每天衙门里有个大事小情,哪怕只是巡抚大人请某个下属到衙喝了杯茶,他们也总能"探得"消息,然后登载在报纸上,第二天印刷发行。至于消息背后有什么内幕,就由得读者自己去解读啦。

"辕门抄"的印刷真是一点都不讲究,用的是蜡版刻印,这套起源于北宋的印刷手艺非常简单:用针形笔在特制蜡纸上刻写,形成油印底板,然后按份印刷就是了。"蜡印"最大的问题是字迹不清,最大的好处是成本低、发行快捷,后者恰是读者最看重的。"辕门抄"上的内容,对普通百姓来说不过是谈资,对已在官场或将进官场的人来说,却很可能是影响前程的宝贵信息。因此,管它印刷好坏,总是"内容要紧",就算价银不低,也得天天一阅。这份油印小报由此在书坊街上热卖,办报者获利不少。不过,这么一份报道权威消息的报纸完全任由私人去办,且"辕门抄"上的消息有时往往比官方正式发布的还要快,想想还真是挺有趣的。

读者口味八卦　侦探小说热卖

"辕门抄"用油墨印刷,那是为了图快,但当这里的上百家书坊要印刷正儿八经的书籍时,却是非常注重印刷技术的。最初流行的雕版印刷,广州书商刻的统称"广版",制作十分精良。不过,当时最受认同的印刷中心在苏州,"苏版"的质量更是全国出名,售价比"广版"高很多。于是,一些头脑灵活的苏州商人就远道而来,委托广州商人刻好版,再带回去印刷成书,对外就冒充"苏版"出售,能赚好大一笔差价。令人意外的是,当时很多书版都是由一字不识的女工刻成的,她们刻版完全就是"依葫芦画瓢",居然能刻出一部部学术经典、通俗小说、黄历唱本,还能获得市场的高度认可,实在是个奇迹。只是因为品牌不够响亮,广州书商就白白替苏州书商做了嫁衣，可见品牌建设的重要，所谓"会做还得会吆喝"。

据学者研究，近代广州的印刷技术一直走在全国前列。20世纪初，一些专业的制版公司率先从西方引进"电版"技术，利用机器进行排版，雕版印刷升级为机器制版，一下子有了"鸟枪换炮"的感觉，大大提升了读者的阅读体验。

技术的变革没有止境，但看一看书坊街一带在百年前的畅销书籍，你又不得不感叹，其实人们视野与心灵的改变并没有我们想象的大。且看一家名叫"宝云楼"的书庄在1905年6月一期《唯一趣报有所谓》上刊登的热销书单：《官场现形记》，两元；《近世中国秘史》，五毫；《明季稗史》，九毫；《福尔摩斯》，三毫；《人体解剖图》，两元。如果你留心一下现在各大电商的榜单就会发现，官场小说、秘史野史、侦探小说仍然高居畅销书单，与当时并无不同。倒是100多年前，《福尔摩斯》已在广州市面热卖，实在很能说明当时广州的"国际化程度"。再看1918年8月一期《国华报》刊出的"破天荒新小说"之书单，更让人读来忍俊不禁，有《广东英雄》，也有《广东女英雄》；有《广东才子》，也有《广东女才子》；有《广东花月记》，也有《广东奇人》。每本书都有"广东"二字,可见书商对本土市场的看重,而其中有好几本都是言情小说,也足以说明读者口味的八卦,这一点到了现在,或许是有过之而无不及了。

时敏学堂的创办人是被公认为广州新型教育的先驱邓家仁与邓家让,邓氏兄弟同时也是康梁教育思想的忠实拥趸。不过,时敏学堂能够在广州独树一帜,还有一人功不可没,那便是时任广东学政、后来京师大学堂的"掌门人"张百熙。

时敏学堂崛起多宝大街

多宝街、宝华街、宝源街,这三条被老一辈广州人称作"三宝"的街道,曾是百多年前"大宅门"的集中之地;时敏学堂、国民大学与《述报》,是在多宝大街崛起的新式学堂与近代报刊。琅琅的书声与浓浓的油墨香赋予豪宅街美丽的灵魂,尤其是时敏学堂,不仅是中国最早的新式学堂之一,还培养出了中国近代音乐教育之父萧友梅与受到凯恩斯、熊彼特等世界经济学巨擘重视的近代思想家陈焕章。"三宝"之地,果然是"物华天宝,人杰地灵",使我们在100多年后仍然心向往之。

"上西关"赚大钱 "下西关"盖豪宅

多宝街、宝华街、宝源街,老一辈广州人俗称"三宝",也是百余年间西关大屋最集中的地方。据19世纪末《南海县志》的记载:"太平门外率称西关,同光之间,绅富初辟新宝华坊等街,已极西关之西,其地距泮塘、南岸等乡尚隔数里。光绪中叶,绅富相率购地建屋,数十年来,甲第云连,鳞次栉比,菱塘莲渚,悉作民居,直与泮塘等处,壤地相接,仅隔一水,生齿日增,可谓盛矣。"

这话听起来文绉绉的,其实就是说"三宝"一带原本半是荷塘,半是农田,19世纪后半期,经过几十年的"地产开发",渐渐全变成豪宅区了。估计那个时候泮塘一带打鱼种地的乡民,看着豪宅一片片盖过来,地价一天天往上涨,其兴奋又羡慕的心情,跟一二十年前看看偏居城郊的二沙岛和珠江新城升级为"都市新贵"的本地人应该没啥两样。

"三宝"一带俗称"下西关";一路往东走,到了今天的龙津东路、中山七路一带,就是"上西关"。这里曾是广州的丝织业重地,几十条横街窄巷几乎是清一色的机房。记得有一首流传甚广的竹枝词是这样写的:"洋船争出是官商,十字门开向两洋；五丝八丝广缎好，银钱堆满十三行。"如今你在龙津东路一带走一走，没准就会一头闯进"经纶大街"和"麻纱巷"，这两个地名恰巧留存了当年丝织业繁盛的记忆，而"堆满十三行"的银钱一路流淌下去，就化作了"三宝"一带的栋栋豪宅。

难得的是，"三宝"一带当年规划得十分整齐，四至六米宽的街道十字相交，街面中央由花岗岩铺地，两旁则铺上灰沙，奢华气派的西关大屋分列两旁，这样的街道在当时可以说是最高规格了。据学者考证，当时"三宝"一带的西关大屋之所以能"大小齐整，大壮观瞻"，跟新兴的地产开发有关，商人在这里购地建房，很快就有人购买或租住。

从这个意义上说，"三宝"一带的西关大屋群，可以算得上是老广州最早的豪宅开发案例了。

大街取名"多宝"　寓意"物华天宝"

多宝街、宝华街、宝源街都带一个"宝"字，可见老广州这一批"先富起来的人"有多重视好意头了。或许是我才疏学浅的缘故，后两个地名的缘起我怎么也查不到，只有"多宝路"这个地名，才稍稍找到了来历。

1903年，大街刚刚成形，尚未起名，晚清重臣、太子太保邓华熙回乡养老，在街上盖了一座大宅，与他共同建宅的还有不少大户人家，在众街坊的推举下，邓华熙为大街取名"多宝"，寓意"物华天宝，人杰地灵"。1930年，多宝大街扩充为马路，故而称作"多宝路"。20世纪六七十年代，"多宝路"又被改了名，称作"新风路"，1982年才又改了回来。

如果西关"三宝"一带只是豪宅区，不管有多奢华优雅，我也不会觉得有多少写头。可是，1898年，这里出现了早期由国人创办的新式学堂之一，这就值得大书特书了。其实，很多人都知道这所学校的名字——时敏学堂，创办人是被公认为广州新型教育的先驱邓家仁与邓家让，邓氏兄弟同时也是康梁教育思想的忠实拥趸。不过，时敏学堂能够在广州独树一帜，还有一人功不可没，那便是时任广东学政、后来京师大学堂的"掌门人"张百熙。

在近代教育史上，张百熙因对京师大学堂和学制改革的卓越贡献，被誉为"大学之父"。不过，翻阅与他相关的史料，最让我感动的却是他为了请教育家吴汝纶出山，任教于京师大学堂，居然在吴家门口长跪不起，直至人家答应为止。时隔百年之后，我依然觉得这个真实的故事像童话一样神奇与不可思议。而透过这个"童话"，我看到的是老先生对"教育兴邦"的一片痴情。其实，不光张百熙如此，曾为"多宝大街"命名的邓华熙也是如此。他在安徽与贵州主政期间，锐意开新学、办实业、兴商务，坚持数十年，扎扎实实做了一番"兴利除弊"的革新事业。此外，像邓氏兄弟及其同道中人，也一定有着同样的"痴心"。正是这样的"痴心"，使这片豪宅区响起了琅琅的书声，同时也给了它一个美丽的灵魂，否则就算房子再奢华漂亮，住久了还不是一样死气沉沉、乏味得要命？

广东近代地方志专家邬庆时先生是时敏学堂的毕业生之一。老先生曾在回忆录中写道，昔日所学，在当时完全可以称为"无用之学"，因为科举未废（科举直至1905年才废除），即使学成毕业，也难以找到一份优渥的差使。可恰恰因为不盘算饭碗的缘故，远道而来的学子都抱着纯粹的热情来求知，因此"学者专心读书，教者认真授课，相亲相爱，俨如一家，学风之良，二十年来不可复见矣"。我想，邬先生一定是带着几许满足和怀念的微笑，写下这段文字的。

由于当时学制尚未确立，所以时敏学堂只设了两个学部，一为"大学"，一为"小学"。大学开设修身、国文、地理、宗教、格致（自然科学）、算学、英文、体操等课程，这些都是当时人们眼中的"无用之学"；小学则相应减少了宗教、政治、格致、英文、日文等课程。

1901年，时敏学堂创办人之一邓家仁带着9个成绩优异的学生东渡日本留学，其中有两人后来都成了大家。一人是萧友梅，后来又赴德国留学，学成归国后倾情音乐教育，1927年与蔡元培等人创办了中国第一所专业音乐学院，被誉为"中国近代音乐教育之父"；另一人是陈焕章，后来远赴美国学习政治经济学，1911年获哥伦比亚大学博士学位，而他的博士论文则是完全以英文写就的《孔门理财学》。归国后，陈焕章推广孔教，一生为实现孔子期待的"大同世界"而努力，成为中国近代重要的思想家。

我才疏学浅，不知陈焕章如何用现代经济学原理重新解读"君子喻以义，小人喻以利"的儒家观念，但他的论文得到了凯恩斯、熊彼特等一流经济学家的重视，却是事实。

时敏学堂教授的"无用之学"培养出了这样有成就的文化大家,有力地证明了"无用之学"的大用。说白了,所谓"有用""无用",不过是出于功利之心的短视而已。

西关"三宝"豪宅区的文化灵魂,并非只是时敏学堂赋予的。1884年4月18日,这里还出现了中国最早的石印日报,即由多宝大街海墨楼石印书局印刷发行的《述报》。它率先利用当时先进的邮政、电信条件,报道了大量当时全国乃至国际的重大新闻事件,在广州近代新闻史上留下了相当漂亮的一笔。

到了1925年,这里又出现了一所国人自己创办的高等学府——"国民大学"。"国民大学"筚路蓝缕,办学27年,直到1951年院系调整,按学系分别并入中山大学与华南师范大学。不过,在"国民大学"诸多的故事中,最让我感动的却是,抗日战争期间,校长张香谱抵押了自己的家产,购得万担稻谷,使全校四千余师生免受饥饿,安心教书读书。这个故事就如同张百熙长跪大师门前,请其出山育人的故事一样,有几许"天真之气"和"赤子之心",让人心潮激荡,久久难忘。

任何一个高级"俱乐部"都有准入门槛，否则难以彰显身份特殊。文澜书院也不例外，要想得到它的会员资格，就必须通过科举考试，至少也得是个生员，举人、进士更好。

西瓜园畔兴起高级文化沙龙

前两天翻报纸，读到一则新闻，标题是"八成受访者认可广州有文化"，对致力于埋首故纸堆、细探这座心爱之城文化往事的我来说，这则新闻真让人大感安慰。可过了一会儿，我又不禁掩卷沉思，这个城市的文化记忆，到底该从哪些细节处追寻呢？当说起群星璀璨的启蒙时代时，我们会想起巴黎18世纪盛行一时的沙龙，哲学家在里边雄辩滔滔；当说起影响深远的理性时代时，我们会想起英国旧时的绅士俱乐部，知识精英既在这里热情讨论科学与哲学，也毫不犹豫地介入政治与经济的运作；当回溯广州的文化往事时，我们能不能找到一个类似的地方,有知识火花的碰撞,有足够的文化与审美品位,有悄无声息的谋略,更有深远的影响力?

西关素来是人文繁盛之地,西瓜园亦是文脉深厚之地,昔日独一无二的文化沙龙——文澜书院就在咫尺之遥的文澜巷。随意走进这条小巷,从一块块光影斑驳的古旧麻石间,你或许可以勾勒出文澜书院的完整印象。

十三行巨贾聚首　建高级文化沙龙

作为一个持续了100多年的知名"文化俱乐部",文澜书院的缘起却相当务实,与"文化"没有太大的关系,它的前身是由十三行商人捐资兴办的"清濠公所",所清之濠,就是现在已深藏于高架桥之下的西濠涌。当年的西濠,起于流花湖,顺着西城墙(今人民路西侧)蜿蜒南下,由太平街(今光复南路)通往西濠口,再注入珠江。全长约5000米的西濠涌码头密布,帆影簇簇,有"奇珍异宝,骈阗衢市"的美誉。可如此繁忙的西濠涌偏偏极易淤塞,既影响货运,也使居民饱受水浸之苦。1810年,正是西关十三行商人富甲一方之时,潘、伍、卢、叶等几大巨头自愿捐出下九甫绣衣坊(今下九路附近)的十几间大屋,发起成立"清濠公所"。大屋除公所使用外，余者出租，租金全部用作清濠的费用。同一年，诸巨头再次扩建公所，定名"文澜书院"，又在院后建了座文昌庙，定下"以文会友"的宗旨，广聚粤中仕子，至此文澜书院虽仍要承担"清濠"之责，但更多的却是向一个"文化俱乐部"转型了。

读到这儿，不知你会不会有些疑惑：十三行富商为什么要借着清濠之机，变着法弄出一个"文化俱乐部"来呢？其实，看一看现如今多少富商想方设法要跟文化界、书画界沾个边，进入种种圈子，以显示自己"不仅只是有钱"，其中的心理动机就不难明白。再说，当年的十三行富商还真不只是看上去有文化，而是真想变得有文化。比如，十三行首富伍家曾花巨资建起老广州数一数二的藏书楼，潘家后人中也是大家辈出。这些"富而好文"的巨贾碰头一合计，建个"文化俱乐部"，也是顺理成章之事。此外，彼时富商虽然富甲一方，地位却相当之低，列于"四民"（士、农、工、商）之末，见个秀才都有点气短，其影响力远不如今天的马云、王健林之类，建个"文化俱乐部"，也好打通与上层社会的关系。种种混杂的动机，就此催生了老广州独一无二的"文化俱乐部"。其实，你若细细考究18世纪巴黎知名文化沙龙的渊源，原因也不外乎这些。所谓"日光之下，并无新事"，说的就是这个。

西关翰林辈出　沙龙人气爆棚

任何一个高级"俱乐部"都有准入门槛,否则难以彰显身份特殊。文澜书院也不例外,要想得到它的会员资格,就必须通过科举考试,至少也得是个生员(也就是俗称的秀才),举人、进士更好。现在我们说起秀才,总不由自主地联想起"穷酸"二字,其实那时读书人考上秀才也不是件容易的事,录取比例用万里挑一来形容也不为过,而一旦考上,不但可以享受"免税"的特权,而且还可以与县官平起平坐,参加文庙典礼,同时参与本地很多公共事务的治理,若论地位,比普通商人高多了。从这个角度而言,文澜书院立下这么一个门槛,也可见其网罗粤中仕子,扩展其社会影响力的用心。

生员资格是最低准入条件,聚会时只有侧坐相陪的资格,坐主座的照例是顶戴花翎、颇为耀眼的翰林、进士。特别的是文澜书院讲究"以文会友",每年春秋两季的大聚会,大家以诗词曲赋的意境与济世之文的高下取胜,奖金虽然不多,一等奖不过5个银圆,二等奖3个银圆,三等奖1个银圆,另奖绢扇洋巾,但难得在众人,尤其是大人物面前露个脸。

用《红楼梦》里的话来说，钱财是小事，难得这个体面，更何况露脸的次数多了，说不定就有"伯乐相中千里马"的传奇呢。用现代人的话来说，叫作"搭建人脉"。所以，每次文澜书院的聚会，总是人头簇簇，而满城读书人都以加入文澜书院为光宗耀祖之事，而不能入内者，则视为毕生遗憾。

据《荔湾文史》第2辑的记载，当年有位姓张的师爷，年过八十还没考中秀才，每次路过文澜书院，都要仰天长叹，等到他儿子从高等工业学校毕业，得了一个"贡生"的身份，终于迈进了文澜书院的门。张师爷天天感叹"父不如子"，居然没多久就抑郁而终了，可见文澜书院的魔力。

西关翰林辈出　被称风水宝地

张师爷的故事是小人物的悲欢，就书院本身而言，当然更看重翰林、进士等重量级人物，这从它的特殊奖励政策上就可以看出来。此奖俗称"贺新贵"，凡考中状元者，奖30银圆；考中榜眼、探花者各奖26银圆；当上翰林者，奖8银圆。说来也巧，自文澜书院创立后的几十年间，老西关出了不少进士与翰林，因科举功名而光宗耀祖者有数十个。那时候，国内读书人看重科举功名，海外华侨同样看重，一个新科进士到东南亚华侨聚集区露几次头,作几篇诗文,光"出场费"就有上千银圆。

老西关既然出了这么多进士、翰林,自然被认为是风水宝地,于是东南亚的华侨、港澳富商和在北方打拼的粤籍商贾都纷纷在老西关买地、置业、盖大屋。他们均以子弟取得文澜书院的入会资格而自豪,文澜书院的影响力自然因之水涨船高。再看它的会员名单,丘逢甲、梁鼎芬、吴道镕等南粤文化巨匠赫然在列,而当年两广总督阮元最初创办学海堂时就选址在文澜书院内。这个延续了百余年的文化沙龙的影响力,也着实不可小觑吧。

重游:书院不留痕　小巷市声闹

中国有句俗谚"眼看他起高楼,眼看他宴宾客,眼看他楼塌了",用来形容富贵无常、荣华易逝,文澜书院的兴衰恰巧又为这句话下了个注脚。它在老西关赫赫扬扬百余年,网罗大批封疆大吏、富商巨贾和学术巨匠,院后的文昌庙从来香火不断,每年两度的大聚会更是惊动全城的文化盛事,甚至连外来的督抚到任下马的第一件事,就是来拜访文澜书院的主事,以示对本地士绅的敬重之心。而辛亥革命后,文澜书院的士绅亦在很大程度上影响了广东军政府的成立。一个"文化俱乐部"能做到这个份上，可以说是空前成功。可到了20世纪20年代，文澜书院的主事惹上"贪污舞弊"的官司，不得已将院产交给官方拍卖，拍出的百万银圆巨款大多供应了当时的市工务局，用于各项建设计划，一座曾无限风光的书院"忽喇喇似大厦倾"，延续了百多年的历史就此终结。

如今，文澜书院早已杳然不可寻了，只有"文澜巷"这个地名还保留着属于书院的零星记忆。可走在这一条只需几分钟就能走完的麻石小巷里，我实在找不到多少与书院有关的痕迹，倒是"隆江猪脚饭"这个大大的招牌，看上去颇为惹眼。还好，就在我想仰天长叹的时候，突然看到对面青砖墙上的几株不起眼的小花，在明媚的秋阳里甚为娇俏动人。追想文澜书院一度赫赫扬扬，最终归于乌有的传奇；看着青砖墙上倔强而不起眼的小花，我似乎明白了点什么，也终于释然了。

在建筑设计之外,吕彦直孤僻内向、不善交际,更将应酬看成浪费生命的大敌。还好,他有黄檀甫。流落到废品收购站的珍贵图纸的背后,是一个天才早逝的背影和一段终生不渝的友情……

中山纪念堂图纸　曾流落废品收购站

1959年的一天,上海五原路废品收购站,一个偶然路过的上海档案馆老馆员停下了脚步,他发现了宝贝:一堆破铜烂铁之中,夹杂着将近400张广州中山纪念堂的设计图纸。一想到这些图纸要被化为纸浆,这名老馆员心急如焚,他赶紧向上海档案馆汇报。后来,受广州档案馆的委托,上海档案馆以200元的高价买下了这些图纸,并寄运到广州。现在,这些被广州档案馆珍藏的图纸几乎成为"镇馆之宝"。这些设计图纸的作者是谁?它们为何会流落到废品收购站?背后又有哪些人的命运随着它们起起伏伏?

一鸣惊人：纪念堂设计张榜招贤　天才建筑师一举夺魁

1926年年初，广州国民政府公开悬赏征集中山纪念堂、纪念碑的设计方案，海内外高手纷纷响应。当年8月底，高剑父等8位名家耗时一周，细细评判26幅应征设计方案，最终决定将首奖授予设计师吕彦直。

这个吕彦直是何许人也？如果把时光倒推两年，他还只是上海滩一个不太知名的海归设计师，与好友黄檀甫合伙开一个小公司，承接一些住宅设计和维修的小工程；但此时的他已名声大噪，1925年，刚刚31岁的他应征参与南京中山陵的设计比赛，一举夺冠。

年纪轻轻的吕彦直何以能接下这两个大项目？这得从他的家世说起。他的父亲吕增祥曾效力于李鸿章麾下。吕增祥可不是一般的官僚，他是严复的好朋友，他的学问，尤其是国学功底，连严复都自叹不如，严复翻译《天演论》也多亏他帮忙。严、吕两家感情不是一般的好，因此，严复"爱屋及乌"，安排长子严伯玉娶了吕家二女儿吕静宜，后来严复又要将二女儿严璆许配给吕彦直，被吕彦直婉言谢绝了。

吕彦直9岁时,吕增祥意外身亡,严复接过教养之责,他先安排吕彦直随出任驻法外交官的严伯玉到巴黎求学;两年后,吕彦直回到北京,他又安排吕彦直跟着大翻译家林纾读书。1911年,吕彦直考取清华学堂,1913年到康奈尔大学留学,学习建筑设计。大学毕业后,吕彦直进入著名建筑师墨菲的事务所工作,直至1921年回到上海。

虽说家道中落,但出身如此显赫,也难怪吕彦直有些清高。事实上,他眼里也只有建筑。在应征设计中山陵时,他废寝忘食,每画完一稿,就用桐油灰捏造模型,再对照模型修改画作,修改完后又捏造模型,这样一遍又一遍,直到设计出中山陵现在的模样为止;在设计中山纪念堂时,由于过度劳累,吕彦直的身体频频出状况,常常低烧、腹痛、失眠,但他仍查阅了大量地方文献,还专门研究了广州的气候和地质条件,一定要做出完美的设计。

吕彦直完全懂得西方建筑设计的精髓,但坚持公共建筑表达的是国民精神,必须采用中国传统的建筑形式,加以翔实研究,用艺术思想设计方案,以科学原理来建造。中山纪念堂的建筑形式是完全中国式的,气相庄严;而整个八角形屋身、楼梯、飘台乃至所有的仿古木构件,包括斗拱、宝瓶、雀替、廊柱等，都是用钢筋混凝土浇筑而成的，只是由于设计精良，施工考究，才达到了"以假乱真"的效果。

吕彦直孤僻内向、不善交际，更将应酬看成浪费生命的大敌，但承接了这两个重大项目就必须与政、军两界各色人物打好交道。还好，他有黄檀甫。

1921年，吕彦直归国途中绕道巴黎，在卢浮宫里邂逅了小他4岁的黄檀甫，两人一见如故，自此结下终身友情。黄檀甫出身于台山贫民家庭，13岁跟着族人远去利物浦谋生，在杂货铺里当学徒，因偶然的机会被英国人收养，才上了大学。他很会察言观色，擅长应酬与交际。公司的日常事务都由他毫无怨言地奔波忙碌，吕彦直因此得以安心埋首在图纸之中。

或是天妒英才，或是设计与主持中山陵的建造透支了吕彦直的精力，从承接中山纪念堂的设计工作开始，吕彦直的身体便每况愈下，但他仍事事苛求完美。1927年4月底，吕彦直完成了全套共23幅的中山纪念堂、纪念碑的建筑图样。7月底，他将全部图样寄给纪念堂筹备委员会（以下简称"筹委会"）后，还专门给筹委会写了封信，希望能亲自前往广州，商谈建筑事宜。筹委会的回复是，等看了图样再定。吕彦直只得耐心等待，但多次回函，迫切希望早日成行。而等到9月底，当筹委会最终通知吕彦直可以前往广州时，他已一病不起，无法启程。

1928年，吕彦直被确诊为肠癌。

1929年1月15日，中山纪念堂的奠基典礼在广州举行，吕彦直无法南下，委托黄檀甫出席。

1929年3月，吕彦直病逝于上海。

资料保存：保护老友身后物　专门建宅藏图纸

从中山陵开工起，吕彦直就打算把每一道大工序都拍照记录下来，既可留作备案文档，为以后的维护和修缮提供参考；一旦发生纠纷，照片也是厘清责任的重要证据。

当时，上海滩上有一家"王开照相馆"，远近闻名。这家照相馆的老板原名王炽开，也是广东人，脑子十分活络，他早年在沪上照相业"四大天王"之一的耀华照相馆当学徒，深得师傅欢心，学了一手好技术，后来他自立门户，因为照相技术一流，很快站稳了脚跟。一次，孙中山和宋庆龄去照合影，跟王炽开聊了一会儿家常，聪明的王炽开便趁此大做宣传。"王开照相馆"在沪上声名鹊起之后，沪宁一带的达官贵人无不以到"王开照相馆"拍摄标准相为时尚，吕彦直的标准相也是"王开"的摄影师上门拍摄的。

黄檀甫决定聘请王开照相馆全程拍摄记录中山纪念堂、纪念碑的建造过程。王开照相馆专门派出一个摄影师，根据工程进度，实地拍摄下所有工程的施工和完工现场。

据长期研究中山纪念堂的独立学者卢洁峰考证，关于南京中山陵第三部工程和广州中山纪念堂、纪念碑的建筑施工和竣工验收过程，共留下了近200幅照片，都是由黄檀甫出资安排拍摄的。黄檀甫在秉承老友意旨、秉承老友工作传统的同时，也为这两大文物以后的保护和修缮留下了极为重要的实地文献资料。

除了中山陵和中山纪念堂的实地照片，吕彦直本人还留下了大量设计图纸以及图书资料。行内识货的人深知这些资料的价值，觊觎者大有人在。中山纪念堂竣工后，怎么保护老友这些珍贵的身后物，成了黄檀甫的一个心结。他最终决定，专门建一座大宅，珍藏这些图纸。

彼时的黄檀甫已是沪上一位颇有财力的建筑商，他在吕彦直曾经养病的虹桥疗养院附近买下26亩地，建起了一座宅院。宅院围墙的墩柱和顶部完全仿照中山纪念堂的样子建造，以此纪念吕彦直。在这所大宅里，黄檀甫专门辟出一个大房间存放中山陵与中山纪念堂、纪念碑的设计图纸、照片和吕彦直的图书资料。这些资料都是用1米见方的大松木箱封装保存，木箱从地上一直摞到房顶。抗日战争期间，黄檀甫还专门在后花园里挖了一个防空洞储藏中山纪念堂、纪念碑的图纸，确保它们安全无虞。

友情悲歌：遇抄家图纸毁损　临终叹愧对故人

新中国成立后，黄檀甫在虹桥的住宅被征用，黄家辗转搬入了上海永福路72弄1号居住。据黄家后人回忆，由于房子过于狭小，那些装满吕彦直图纸书籍的松木箱子没地方放，干脆拼在一起，铺上被褥，给5个孩子当床用。

当时的黄檀甫没有工作，生活颇为简朴，但他依然保留着上茶楼，就着"一盅两件"，与朋友们"倾偈"（闲谈）

的习惯。他此后遭遇的种种磨难，也正因此而起。1959年的一天，黄檀甫与老友饮茶闲谈时，说起"中苏有矛盾"，事后有人揭发，他被认定犯下"反革命罪"，判刑4年。

黄檀甫入狱时，正值"三年困难时期"，他的妻子黄振球根本无力支撑生计。为了自己和5个孩子能活下去，黄振球开始变卖所有值钱的家当。当时，上海古籍书店的一个老店员从黄家收购了《四库全书》和《康熙字典》，得到了领导表扬。之后，这个老店员为了再度"淘宝"，不停给黄振球打电话。黄振球问他要不要图纸，老先生建议说，图纸没什么收购价值，但卖给废品站的话，也能换几个钱。

一直被黄檀甫视如生命的图纸和资料就这样被卖到了五原路废品收购站。之后就出现了本文开头的一幕。

1969年1月21日，黄檀甫逝世。临终前，他不停喃喃自语，说自己无颜去见九泉下的好友。遗体火化时，黄檀甫所穿的长袄口袋里，放着一张吕彦直的遗照。

1978年，黄檀甫"反革命"一案平反，他被宣告无罪。

清代外销画里卖花的小艇

穿梭街巷卖花的小贩

十三行鼎盛时期的林呱画室二楼,十分整洁清雅

曾在广东传教多年的利玛窦

珠江旧影，船来船往，十分热闹

1857年9月19日《伦敦新闻画报》刊登了一幅题为《晚宴》的插图,描绘了广州官宦人家举行晚宴的情景

1907年第26期《时事画报》刊登了"竞渡毙命"的新闻

根据1907年一期《时事画报》的报道,每年农历六月十三俗称"鲁班先师诞",全城"三行仔"都会停工庆贺

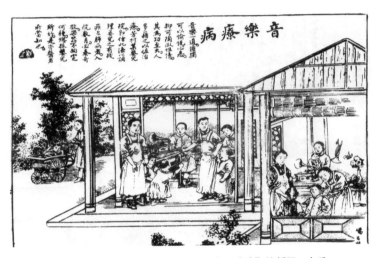

20世纪初的《时事画报》刊出了"音乐疗病"的新闻,音乐疗法的出现也从一个侧面反映了西洋音乐在广州的普及程度

根据20世纪初《时事画报》的图文报道,西式餐饮和餐具摆设已成为上流社会追逐的时尚

20世纪30年代广州身穿旗袍的时髦女子

1921年,岭南中学的女生合影,穿着清一色的"文明新装"

中山纪念堂主体工程建成时的照片

文澜书院的缘起与"清濠"息息相关,可见其浓厚的岭南特色

1930年,西郊泳场的落成典礼

20世纪二三十年代,荔枝湾上游船如梭

明珠影画院曾打广告以免费啤酒待客

清朝末年,珠江上龙舟竞渡的场面

20世纪30年代的龙舟赛,观者如潮

20世纪初,广州珠江上的小渡船

珠江边的花尾渡旧影

"拜月"是绵延了近千年的传统

文澜巷内青砖墙似乎在诉说着昔日风华

玩乐生活篇

流过鹅潭水便清,瓜皮如驶浪花轻。
鱼圩渐远花圩近,隐约楼台几处明。

——清·郭徽之

日新月异的发展大大丰富了"游在老广州"的内涵，有闲阶层的足迹不再止于花地、荔枝湾、海幢寺、沙面等传统游玩胜地，百余千米之外的罗浮山、鼎湖山都可以见到游客的身影，商贸、交通、酒店乃至导游行业也随之发展起来……

游在老广州　指南花样多

　　"这里的温泉远近驰名，每至良辰，中西士女往游者不知凡几，致从化温泉无论冷热天时，泉水常温暖可爱，经无数化学家化验证明，泉水含有硫镁等质，沐浴最宜，有宜卫生，于皮肾保健尤有特效……"这是1937年6月一期《中山日报》上刊登的一则从化温泉的广告。彼时，去从化泡温泉已成为广州有闲阶层的一大爱好。乍暖还寒之时，在温泉边的热沙里埋几个生鸡蛋，"泳罢蛋熟，就地而食"，别有一番风味。

　　所谓旅游，总得"有钱有闲"，才能畅快而为。广东商业发达，从来不缺有钱的闲人，晚清以来，荔枝湾、花地一带就已热闹非凡，到了20世纪二三十年代，随着豪华酒店从无到有、铁路里程逐年增多乃至旅行社的服务日益贴心，越来越多人体验到了"旅行指南在手，一日游遍广州"的乐趣，在温泉池里畅游的绅士仕女，恰是"游在老广州"风情画的一个缩影。

晚清入境游：每月三个游散日 "番鬼"出没花地湾

紧邻白鹅潭的花地是广州人的传统游玩胜地。数百年来，这里的百姓都以种花为业，所谓"花田一片光如雪"，实在是难得的美景。到了清代，又有很多达官贵人看中此地美景，纷纷修筑私家园林，小小一个花地，居然聚集了数十座大小园林，核心处又有千年名寺——大通寺。有花海、有名园，又有古寺，花地想不火都难。因此，打晚清时起，花地就成了有钱有闲一族的必游之地。一到素馨花开的时候，渡口的各式小艇画舫都忙得不得了，来来往往尽是游园赏花人。《番禺县志》中记载的"楼台绣错，群卉绮交"，真没有吹嘘的成分。

不过，到了每月的农历初八、十八和廿八日，如果你留心一看，就会发现很多洋人的身影。他们都是从北美、西欧远道而来的水手和洋商，平日蜗居在黄埔岛上或商馆区，只有到了朝廷规定的"游散日"，才可以搭乘小艇，到城内为数不多的指定地点游玩，这也是晚清年间最早的一批"入境游客"。

花地是这些"入境游客"必到的景点之一。根据当时来穗经商的美国商人亨特的日记，数十个"番鬼"包下一艘最华丽的喜庆花艇，要在花地玩上整整一天，方才尽兴而归。这些"番鬼"对园林艺术并没多少鉴赏力，因此，说到游园，亨特的日记只用"在花园里漫步欣赏"一句带过，但"没完没了放鞭炮、抽烟、喝酒、说笑话"的确给他们带来了无穷的乐趣，于是他们彼此招呼着，"来吧，魔鬼兄弟，来享受这快乐的一天"（摘自亨特所著《到花地宴饮》）。

民国省城游：火车出行成时尚　四大酒店国际范儿

光阴似箭，日月如梭，转眼就到了民国年间，日新月异的发展大大丰富了"游在老广州"的内涵，有闲阶层的足迹不再止于花地、荔枝湾、海幢寺、沙面等传统游玩胜地，城里的中山纪念堂、改名市立博物院的镇海楼、黄花岗烈士陵园、越秀公园、动物公园、石室大教堂，郊外的白云山、莲花山、从化温泉，以及百余千米之外的罗浮山、鼎湖山，都可以看到游客的身影。

20世纪二三十年代，"游在广州"内涵的丰富，与商贸、交通、酒店乃至导游行业的发展息息相关。由于战乱稍歇、时局略稳，这些行业也都迎来了短暂的黄金时代。交通方面，随着数十千米交通路网初步成形，公交车和长途车搭建起了珠三角"一日生活圈"。另外，要说一说的是铁路。1903年，广东第一条铁路——广三铁路（广州到三水）建成通车；1911年，广九铁路通车；1916年，粤汉铁路广韶段通车；1936年，粤汉铁路广州到武昌段全线通车。铁路的开通，大大方便了人们出门旅行。铁路公司还专门制作了精美的旅行手册，将沿线的风景名胜一一列出，招揽商人学子多多出门览胜。如果你购买来回程的游览票，还可以享受特别折扣。比如，1935年年初，粤汉铁路管理局就在当年第1期《铁路杂志》上刊登广告称："沿途物产丰富、风景清幽……名胜之区足资游览者，不一而足，经商则大可图谋，旅行则足资愉快，且运价低廉，保护周密。"

所谓"在家千日好，出门一时难"。要想玩得好，得先住得好,这在七八十年前的广州城里压根不是问题。钱包鼓的,就住"西濠""东亚""大东大"或"亚洲",这是广州早期的"四大酒店",集中在长堤、西濠口一带,不但客房雅致,而且中西餐厅、酒吧、美容室也一应俱全;到1937年后,还可以选择入住爱群大酒店的豪华江景套房。入夜时分,居高临下,俯瞰珠江夜景,这享受实在没得说。如果有烟花表演就更棒了,简直可以过一个完美的情人节之夜。可惜我没找到相关资料,关于烟花表演的往事,姑且存疑。

如果口袋里没那么多银子,到省城一游,又该住哪儿呢?别着急,20世纪30年代,官方就出版了一部《广州指南》,将所有好吃、好玩的"一网打尽",旨在为远近游客提供最权威的旅行指引,其中也列出了大大小小数十家客栈,你按图索骥,总能找到满意的住处。

从化温泉游:俱乐部专车服务　泡温泉泡成房东

现在你想去从化泡温泉,从市区出发,开车走高速,最多40分钟就到了。把时间倒推80多年,市民要想去泡温泉,可就得多费点周折了。最好的方法是加入一个叫"从化温泉促进会"的组织,一年缴上十几个银圆的年费,就可以享受免费交通和住宿,专线车直达目的地,比搭公交车方便多了。

当时为什么有"从化温泉促进会"这个组织呢?这还得从从化温泉的开发说起。在1931年以前,温泉区不过是个被山地环绕的烂泥塘,一直籍籍无名,周围也十分荒凉,只有附近的农户知道这里的水可以把鸡蛋泡熟。1932年,广州医药界巨子梁培基、著名律师陈大年和航空界精英刘沛泉机缘巧合,从温泉区取得水样后,经实验室化验,发现有治疗风湿、健体强身之效。梁培基是当年有名的营销奇才,曾因"梁培基发冷丸"(治疗疟疾药物)的市场炒作而一举成名。他见流溪河一带风景秀美,觉得市场机会绝佳,于是联手陈大年、刘沛泉成立"从化温泉促进会",以图共同开发温泉资源,打造一个响当当的旅游品牌。

细细阅读相关资料后,我发现,"从化温泉促进会"是个不折不扣的俱乐部。按照章程,年缴十几个银圆的会费,就可以长期享受免费住宿和交通。"从化温泉促进会"开通专线车,方便会员出入,一到星期天,车辆数目还会加倍。"从化温泉促进会"还专门办了本刊物,只赠送给会员阅读,以彰显其尊贵身份。

为了扩大温泉的影响力,梁培基和两个同人又在报上登广告,又到处开宣讲会,还时时邀请名教授、中小学教师、医生、律师、学生和群众团体到温泉实地游览。就这么苦心经营了好几年,到20世纪30年代末,从化温泉名声大噪,成为"有米一族"的必游之地。

当然,那个时候的"温泉游"肯定比不上现在花样多,但已有了"飞天瀑""鸳鸯池""香粉瀑""江心温泉"等多种名目。另外,如果客人属于豪阔一族,也可以选择一次性向"从化温泉促进会"缴纳300个大洋的会费,这样就有权在"从化温泉促进会"购置的荒地中选一块地皮,盖一栋别墅,好好享受自己的"私家温泉"了。泡温泉"泡"成房东,这可以说是当年从化温泉游的最高境界。

提起中秋点花灯,老广州还有一个特别的习俗,叫作"竖中秋"。一盏盏精心扎制的鱼龙灯、鸟兽灯、花果灯、铜鼓灯系在横杆上,再用一根长竹竿高高挑起,或竖于门前,或竖于天台上,因此就有了"竖中秋"的说法。

八月十五"竖中秋"

在近百年前的广州,最好的赏月之地是荔枝湾。中秋夜的荔枝湾,紫洞艇的租金比平时起码要贵十倍,但仍然十分走俏。几乎每一艘船都挂着"雕玉镂冰、玲珑剔透"的素馨花灯,空气中暗香浮动。调皮的孩子们则个个提着柚子灯,洒落一地的欢声笑语。这素馨花灯与柚子灯交相辉映,是老广州中秋节最有雅趣的回忆。

当然，那时也不是所有人的中秋都能过得如此惬意，有人一掷千金点起数百盏灯笼"竖中秋"；也有人采用"分期付款"的方式，每个月从牙缝里挤出几个银毫，付给店家，才能在中秋前夕领回一份月饼。正像老广州流行的童谣中唱的："八月十五竖中秋，有人快乐有人愁；有人楼上吹箫管，有人地下皱眉头。"同一轮皎月下，有着不一样的快乐与哀愁。

从"迎月"到"追月" 中秋过足三天

如今过中秋，最让人心动的还是一连三天的小长假，很多人早早就盘算好了各种出游计划，吃不吃月饼倒不会特别放在心上。其实，在八九十年前的广州城里，虽然没有"小长假"一说，但中秋节也是不折不扣过足3天的。八月十四，大家忙着准备过节的菜品，晚间小酌一顿，是为"迎月"；八月十五，合家吃过团圆饭，将楼顶天台打扫干净，在桌上摆上月饼、芋头、田螺、瓜果等应节食物，欢欢喜喜，一起赏月；到了八月十六，一家人还要相约在天台上再吃一顿，顺便赏一赏十六的月亮，美其名曰"追月"，因为"十五的月亮十六圆"嘛，而城内一些有名的茶楼还会举办追月茶会揽客。可以说，除了赏月之外，"吃"是中秋节最大的主题，有钱人家要摆出精致的宴席，穷门小户也会力求丰富，故而老广州有句俗谚:"夏唔饱,冬唔饱,八月十五食餐饱。"

时至今日,传统节日受人诟病之处,就在于其过分看重吃喝,但设身处地想一想,当时除了少数"官家人"以外,不管是生意人,还是劳工阶层,并无星期天休息一说,真正可以放松一下的,除了春节,也就只有中秋了。这么一想,对当时人们的连日宴饮狂欢,我们倒可多一分同情和理解了。

当年的中秋宴席,很少有人到外面下馆子。不过,幸而老广州商业发达,手头宽松的人家若是不想受累,大可以请个厨师上门,或者直接叫外卖。当时,打铜街的"冠珍"、上下九的"荣珍"、杉木栏的"八珍""新瑞和"都是主营外卖的知名餐馆,他们经营的外卖可不像现在这么简单,全是成套的酒席。厨师把菜做好后,一道道装进锡篋,随后小伙计把锡篋放进木托盘,二三十斤的分量往头上一顶,就去送餐。中秋之夜,这些餐馆的生意格外好,街头巷尾尽是头顶托盘、健步如飞的小伙计,成了一道特别的节日风景。

紫洞艇涨价十倍　照样爆满

在老广州,最好的赏月之地是荔枝湾。节日的湖上,上百艘紫洞艇挨挨挤挤，几乎每一艘船都挂着"雕玉镂冰"的素馨花灯，调皮的小娃儿则个个提着柚子灯，从船的这一头跑到那一头。这柚子灯做起来也很费工夫呢，漂漂亮亮的红柚子，剥去里边的瓤，再在柚皮上雕镂人物花草，里边放一盏琉璃盏，一点上，红光四射，与雪白晶莹的素馨花灯相映成趣。中秋点花灯的习俗固然到处都有，但像广州人这样点得有诗意的却也不多。谁说这个城市没文化呢？文化的雅趣分明渗透进了市井生活的细节里。提起中秋点花灯，老广州还有一个特别的习俗，叫作"竖中秋"。一盏盏精心扎制的鱼龙灯、鸟兽灯、花果灯、铜鼓灯系在横杆上，再用一根长竹竿高高挑起，或竖于门前，或竖于天台上，因此就有了"竖中秋"的说法。有钱人家，往往一竖就是几百盏；再穷的人家，也要竖起两盏灯。晚清诗人陈坤曾在《岭南杂事诗钞》中写道："明月满城秋正中，香球高插大旗红。如何天上团栾节，恰似戎行气象雄。"他说满城的灯笼成行成列，看上去如军队的一般恢宏雄壮，可见老广州的中秋节，不但讲究欢乐与雅趣，还很讲究气势呢。

名店林立　月饼越做越豪华

过中秋，月饼是重头戏。说来有趣，月饼分为"莲蓉""蛋黄莲蓉""火腿""豆蓉"以及现在被人黑得外焦里嫩的"五仁"等诸多"宗派",却还只是这一百多年的事。把时光倒推得更远一点,所谓月饼不过是像满月一样的大面饼,不信,你翻一翻清代大儒屈大均写的《广东新语》,他提起"月饼",也只有寥寥5个字:"为大饼,像月。"屈老夫子以"好吃"闻名,如果月饼像后来那么口味丰富,他非大书特书不可。而与屈老夫子同时代的《地方志》提起过中秋,说的都是"剥芋食螺",寓意多子多福,"月饼"二字要么不提,要么一笔带过,可见这个大面饼远非中秋家宴的主角。

月饼从"满月一样的大面饼"进化成今日琳琅满目的豪华家族,并一跃成为中秋节的主角,与广州中西文化的交汇息息相关。19世纪60年代,沙面成了英、法租界,很快这里就出现了西式糕饼店,接着沙面附近的西关富人聚集区,本地人开设的糕饼店受其影响,研发出越来越多"融合中西"的美点,后来横空出世的广式月饼就是其中之一。饼皮采西点之长,馅料"大胆实验,小心求证",营销推广瞄准中秋,假以时日,月饼的风头就渐渐盖过了芋头和田螺,至于"莲蓉双黄""玫瑰豆沙""甜五仁""咸五仁"等馅料门派,或者"七星伴月""凤凰贡品月""老婆蜜月"等诸多名堂,全是店家为了抢占市场而挖空心思想出来的。到了20世纪30

年代，广式月饼名满天下，莲香楼、陶陶居等著名茶楼成就的月饼传奇众人皆知。

七八十年前，月饼一跃成为中秋家宴的主角，但穷人和富人的吃法大不相同。豪华版的"陶陶居上月"，用镂花的酸枝木雕包装，售价数十银圆，照样有人趋之若鹜；而普通的市井平民，因为担心一时拿不出钱来，不得不加入由糕点商发起的"月饼会"的组织，每月"供"个几角银币，好在八月初一领到一份月饼。买月饼也要分期付款，想来还真让人有些心酸。至于到了20世纪40年代末，物价飞涨，小小一个月饼卖出数万元的天价，又不免让人叹息了。一百多年过去了，同一轮皎月下，有多少欢声笑语，又有多少哀愁与荒诞，都像水一样流走了。

不管开风气之先的广州有多少种时尚的消夏方式，黄昏时分，全家老小乘艘小艇，在荔枝湾的河涌里摇啊摇，享受水上清凉时光，还是老广州人最钟爱的消夏方式。夏夜的荔枝湾，游艇穿梭，笑语相闻，一派水上街市的风情。

荔枝湾：
百艇云集的消夏"浮世绘"

长夏炎炎之时，城市到处都是空调的嗡嗡声，对越来越宅的都市人来说，"消夏"一词似乎渐渐过时。可我不禁好奇地想，七八十年前，人们是怎么度过炎炎夏日的呢？不查资料不知道，一查吓一跳，当时广州人的消夏生活还真是丰富，大新、先施公司的天台乐园，马戏杂技演得正欢；星罗棋布的电影院里，爱情片、侦探片轮番上演，有的影院还送啤酒；西关和新河浦的公共游泳场里，初开风气的男女同游惹来不少争议；荔枝湾的河涌百艇云集，管弦悦耳……这一幕幕，构成了新旧杂陈又带着浓厚广味的消夏"浮世绘"。

百货公司：升降梯电扇送凉　天台上娱乐多多

这里有篇20世纪二三十年代一个小学生写的作文，题为《游大新公司记》。文中写道："省之胜萃于堤西，有物屹然如涌出，高立于中天，傲雨凌云，辉煌灿烂者，曰大新公司。背环云岭，面带珠江，诚胜地也。月之中浣，陈子方暇，游于其中。时也灯火齐明，笙歌聒耳，衣香鬓影，络绎如织，两梯如龙蟠，陈设美备……循梯而上，直达天台，陈设益备，穷极奢豪。有假石山、粤京戏焉、电影戏焉，俯视市廛行出，飞鸟渡柯叶上，鱼灯若隐若现。奇草异木，环拱栏旁，而生明月星斗，引袖欲随微风……"

这个小学生文采斐然，令我惭愧不已，觉得自己虽然大学毕业，也未必能写得出这么好的文言文来。这篇文章活脱脱勾勒了一幅百货公司天台游乐园消夏图：夏夜的长堤灯火辉煌，珠江上送来习习凉风，大新公司12层大楼巍然而立，升降梯上上下下，里边新装的电扇呼呼送凉。乘着电梯直达天台游乐园，这个游乐园整整占了4层，爱看马戏杂技的、爱听京戏的、爱唱个粤剧哼个小曲的，都能在这里找到乐子。

当时，有天台游乐园的不止大新公司一家，先施公司也开了天台游乐园，与大新公司"对垒"，先施公司还有自己生产的消暑胜品——先施牌汽水。市民只需花3角银币，就能玩遍马戏、杂技、戏曲等各个娱乐项目。当时普通人的月薪多为数十银圆，区区3角，大家都消费得起。

先施公司的天台游乐场，一到夏天，每晚有300银圆进账，可见前来消费的市民之多。真光公司则开设了天台茶座，不仅是市民消夏的好地方，也成为男女相亲的一大胜地。

这些百货公司都位于长堤，它们之所以能招揽这么多消夏的客人，一是因为长堤之繁华热闹，当时人们爱逛长堤，就像我们今天爱逛天河城一样；二是各公司常举行各种打折促销活动，虽然有时候打完折比不打折时还贵，但普通市民哪管这么多；第三嘛，就是因为百货公司安装了电梯，以及电梯里的消暑胜器——电扇，这两件新鲜玩意吸引了很多爱时髦的红男绿女。

1927年7月的《广州民国日报》专门将"升降梯里吹电扇"当成消暑新法介绍："到公司的升降机里，头顶有电扇，洋镜还可以当镜子照，包管你暑气顿消。"

电影院：黑白大片轮番演　还有影院送啤酒

20世纪二三十年代，广州战乱略平，市面繁荣，电影院散布于城市各处，其中豪华影院当然还是长堤为多。

说起广州的电影业，那可是紧跟时代潮流的。1895年电影诞生，1903年的西关高升茶楼里就有电影看了。到20世纪二三十年代，大大小小的影院已有30多家。当时的影院大多称为画院，分为五等，中华、永汉、明珠、金声等影院属第一等。一等影院总有上千座位，设施也很豪华。金声影院还尝鲜安装了空调，一到夏天，市民趋之若鹜，视之为豪华享受。

当时，大小影院放的都是黑白默片。1930年有声电影进入广州之前，影院放电影的时候总要配一个讲解员在旁配音，遇有打斗场面，工作人员就台下拿刀相击，发出乒乒乓乓的声音，颇为有趣。

我找到明珠影院1932年8月份的一张排期表，有《埃及皇冢记》《航海惊涛记》《大侠复仇记》等大片上演，涵盖爱情片、侦探片、动作片等多种类型，吸引不同口味的观众，把粤剧的客人抢了个七七八八。

各大影院的电影票价不一,最有钱的可以坐包厢,要花几个大洋;平民百姓可以坐散位,花几角毫洋就行了;青年男女可以选择位于二楼的情侣座,少人打扰。

当时的电影不会一场放到头,都有中场休息。一到中场,小贩就会来兜售时令水果,这可比吃爆米花清凉多了。

影院一多,竞争自然激烈,各家影院都在营销手段上下足了功夫。比如,明珠影院,就花了几万大洋装修一新;影院在报上打出广告,声称簇新的影院,提供簇新的滑稽戏大片,为观众提供贵族化的享受;复业当天,还联手当地啤酒大王,向观众提供免费啤酒。看电影,还有啤酒喝,不失为美妙的夏日享受。

公共泳场:三大泳场客如鲫　男女同游惹纷争

20世纪20年代初,精武会在新河浦开设了水上游艺场,设了跳台、跳板和泳池,是广州的第一个公共泳场。到了1934年,公共泳场已增至5家,除水上游艺场外,最火爆的还有西郊和粤秀两家。

西郊泳场位于荔枝湾河涌末梢，靠近西关，是很多西关小姐的大爱。本来，西郊泳场根据客人的泳技，将泳池分为高、中、初三级，女孩子们大多泳技尔尔，只能在初级池里比画两下，这就吸引了很多青年男子，他们抛弃拥有跳台和跳板的高级泳池，也到初级池里泡着，为的是一近芳泽。

当时从市中心的财厅到西郊或粤秀泳场，都有公交车线路，车资一角毫洋，泳场的门票也是一角毫洋，都算平民消费，所以一到夏天，去往这两个泳场的公交车拥挤不堪，报上直喊"挤爆了"。

泳场的男女同游现象也引起了保守人士的诸多不满。1934年，市政当局还专门通过决议，禁止男女同游，泳场必须在泳池间设立间隔，让男女分场而游。

这样的安排又引起了先锋派人士的诸多不满，有人在杂志上撰文，称这样分场而游的禁令，使青年男女看得着而碰不着，不啻为反自然的"禁欲主义"。

荔枝湾：百艇云集　游河消夏

不管开风气之先的广州有多少种时尚的消夏方式，黄昏时分，全家老小乘艘小艇，在荔枝湾的河涌里摇啊摇，享受水上清凉时光，还是老广州人最钟爱的消夏方式。游河的传统就是 20 世纪二三十年代开始盛行的，平民人家坐最普通的小艇和舢板；富人家的游艇，装饰花纹就要考究得多；最有钱的人坐 3 层高的紫洞艇，十分风光。

荔枝湾的河涌上，除了游艇外，还有卖艇仔粥的粥粉艇、卖河虾海蟹的河鲜艇、卖烟酒糖果的杂货艇，当然，也少不了卖当季水果的荔枝艇。夏夜的荔枝湾，游艇穿梭，笑语相闻，一派水上街市的风情。

粥粉艇卖粥，瘦肉、海蜇、蛋丝、鱼片、炸花生等都是船家事先细心准备好的，客人一声招呼，小艇晃悠悠摇过来，船娘将滚烫的白粥，冲入各式作料，撒上碧绿的葱花，就成了一碗美味的艇仔粥。逛荔枝湾不喝艇仔粥，那还逛个什么劲儿呢？

河鲜艇也很有意思，活鱼活虾收在平板下的船舱内，小艇中央支一口大锅，鱼虾论斤现卖，客人点好后，船家把火烧大，或灼或蒸，煮熟后加上作料，十分美味。

吃河鲜，还得有酒喝，杂货艇在这里派上了用场。烟酒糖果，它无所不卖游河的女孩子想吃个零食，也会去帮衬它。

吃饱了喝足了，还想听个小曲吧？荔枝湾的河涌上，没有浓妆艳抹的歌女，但那些盲妹唱得也蛮好听的，她们乘坐的小艇轻轻摇过来，"先生太太，听一曲罢？"点上一首粤曲小调，在晚风里闭上眼用心听，听到妙处打打拍子，是不错的精神享受。

冰室茶楼：女伶一曲　暑气顿消

说起冰室，笔者眼前就浮现出港片里带着怀旧气息的铺子，吊扇在头顶慢悠悠转着，卡位不大，楼梯上铺着格子瓷砖，师傅在玻璃板后的操作间里忙碌着，做出美味的杂冰和雪糕。

别看这些冰室外观简陋，但在半个多世纪前的广州，它们可是比较时尚的消夏胜地。

20世纪三四十年代,广州有四大冰室——顺记、美利权冰室、阳光和皇上皇。位于宝华路的顺记铺面不大,只有十来平方米,从早到晚都坐满了客人。顺记的椰子雪糕最为有名,一到夏天,每天能卖出800多份,可见其受欢迎的程度。美利权冰室的硬雪糕也是一绝,深受昔日小资男女的热捧。

有人爱时尚的冰室,更有人爱传统的茶楼。旧日广州,水畔街边,茶楼星罗棋布。最便宜的"二厘馆"里,大汗淋漓的工友在柜台前站定(抱歉,没有座位),一杯凉茶一饮而尽;平价亲民的茶居,三五好友"一盅两件"消磨一个夏夜。

口袋里还有几个闲钱?那就去好一点的茶楼吧。天元、惠如、莲香、成珠那些高档的地方,茶座都设在楼上,装修豪华,广开窗户,有些茶楼还加装电扇,并在报上打出广告,专以"清凉"揽客。

跟北京的茶馆一样,在广州像样一点的茶楼喝茶,还有女伶献唱,茶资在四角左右,那只是一盅茶的价格,中间女伶歌唱时,总要点几盘点心,花费自然不止几角。但那时的茶楼多有名角出入,像熊飞影、秋海棠等,都在茶楼献唱。有时,还有香港的女伶远道而来,让客人一饱耳福。

老广州之所以有这么多花田，是因为人们一直有着旺盛的鲜花消费需求，这与繁荣的商贸传统息息相关。要说全城花田的主角，则非素馨莫属。这种来自西域、原名"耶悉茗"的小花，千百年来一直是广州人的宠儿。

广州昔日宠素馨　花开时节满城雪

"花市，在广州七门，所卖止素馨，无别花，亦犹洛阳但称牡丹曰'花'也。"这是清初岭南三大家之一屈大均先生在《广东新语》中描写花市的一段文字，寥寥数十个字背后，有着珠悬玉照的百亩花田，有着"富者以斗斛，贫者以升"的清晨花市，有着缠绕在女孩儿发髻上的花梳，有着七夕夜"雕玉镂冰，玲珑四照"的素馨灯，还有着可以消暑清热的素馨球……持续数百年来，素馨这一来自西域的袅娜之花几乎集全城宠爱于一身，拿它与洛阳的牡丹作比，真的不算过分。然而，洛阳的牡丹到今天仍然家喻户晓，我们的素馨却已被淡忘在时间的河流中,"满城如雪,触处皆香"的老广州,也成了泛黄书卷上的故事,渐行渐远。

花田:百亩珠悬玉照　家家衣食素馨

翻开记录老广州花卉种植与消费的文献,总能看到一个很诗意的词汇——花田。珠江南岸30多个村庄,人们多以种花为业,花田大者方圆上百亩,珠悬玉照,胜似白雪;城西的芳村有花田,烟水十里,赏花人络绎不绝;西关一带原来是南汉国的御苑所在,花田最盛时绵延九里,直至十三行时期富商纷纷在此修建宅地,规模才渐渐缩减。广州是直到1918年才开始"拆城修路"的,在此之前,这个被周长11千米的围墙"包裹"着的城市,几乎就像游弋于花田之中的一叶方舟,花城之称,因此才名副其实。

老广州之所以有这么多花田,是因为人们一直有着旺盛的鲜花消费需求,这与繁荣的商贸传统息息相关。"不当吃不当喝"的鲜花能深入人们日常生活的每个角落,背后断然缺不了钱袋子的支撑。据学者考证,早在1000多年前的宋朝,广州的花卉贸易就有了一定规模,明清时则进入鼎盛期,动辄上百亩的花田,正是花卉商业种植发达的最佳写照。

要说全城花田的主角，则非素馨莫属。这种来自西域、原名"耶悉茗"的小花，千百年来一直是广州人的宠儿。我总是不无偏见地认为，相比较北方人对牡丹的偏爱，广州人宠爱素馨，似乎是更有味道的。《本草纲目》里说，素馨"枝干袅娜，叶似茉莉而小，其花细瘦四瓣"，明末清初著名文人李渔更因其形态娇弱，一枝一茎都要藤架扶持，直接把它呼作"可怜花"。牡丹的富丽谁都能看见，而素馨的娇弱与袅娜之美，却只有心思更细密温和的人才能欣赏，也只有这样一座气质温润的城市，才养得出这样的人来。

至于素馨花几乎集全城宠爱于一身的盛景，前人留下了大量的竹枝词，如果你有心的话，去翻一翻，就能清晰地感受到了。

花市：七城门有花市 一日卖数百担

有花田，自然就有花市。早在四百多年前，广州就有了常年开放的花市，且与罗浮药市、东莞香市、廉州珠市并称"广东四市"，其繁华可见一斑。

据《广东新语》记载，广州的花市主要位于7个城门口，即大东门（今中山路和越秀路的交界处）、小北门（今小北一带）、大北门（今大北一带）、西门（今西门口一带）、归德门（今濠畔街一带）、大南门（今北京路和大南路交界处）、定海门（今德政路与文明路交界处）。按屈老夫子的说法，在这些常年花市上，素馨花是唯一的主角，所以人们口里说的"花"，其实就是素馨，就像洛阳人说起"花"来，其实就指牡丹一样。

虽然全城花田几乎都种素馨，但最出名的还是珠江南岸的庄头村。每天晨曦微露时，村里的女孩子就要起床去摘花了，因为花骨朵一见太阳就会开放，而花一开就不值钱了。

等到天大亮时，一篓篓还带着露水的素馨花就被运到了江畔的花渡头。很多花贩早已驾着小艇在此等候，他们把一个个花篓搬到船上，再驾船穿过珠江，停靠在五仙门码头（今海珠广场一带）。待城门一开，这一篓篓的素馨就会被运往一个个花市，再进入千家万户。

素馨是最为娇弱的一种花，盛开时也只有细细瘦瘦的 4 个花瓣，花骨朵更比珍珠大不了太多。所以，广州人买素馨，总要用容器，花贩也都以升计价．一升素馨，要价不过 10 来个铜钱（1000个铜钱等于一两银子），用屈老夫子的话说，"量花如量珠然"；也有人找来用璎珞把素馨穿成花环，或者找根竹枝，把素馨一朵朵缠上去，一支叫价两个铜板，帮衬者络绎不绝。每天全城花市上卖出的素馨总有几百担之多（一担等于100斤，即50千克）。

花梳：清晓簪上头　月下花才开

真正的大户人家，当然是不用自己派人上花市买素馨的。他们是最受花贩欢迎的长订户。每天城门一开，就有固定的花贩背着满满的花篓送上门来，这种长期固定的买卖，被老广州人称为"担花箩"；而没有"担花箩"的运气，只能走街串巷、声声叫卖的小贩，则被称为"提花筐"。正是这些勤快的花贩，将香气送遍全城。

当时，几乎家家户户都有花碟。精致的瓷碟里装上清水，放几朵含苞欲放的素馨，摆在案头，又素雅，又好闻，让人时不时想去亲近。人们还会将一颗颗细小如珠的素馨穿起来，做成"花枝"，插入瓶中，很快就有了满屋的清香。

除了装点居室，素馨更大的用处就是装点女孩儿的发髻了。女孩儿们找来彩丝，小心地穿起素馨，戴上鬓角，这种特别的装饰叫作"花梳"。清晨刚戴上头的时候，"花梳"上的素馨还都是花骨朵呢，经过整整一天，到了夜晚它们就全开了，映着院内的月光或窗内的烛光，素雅中又带了几分明艳。女孩儿们睡觉时都舍不得把"花梳"摘下来，直到天亮时分，素馨才会凋谢，不过到时又有新的"花梳"可换了。

其实，在更古老的时候，广州人戴花是不分男女的。屈老夫子在《广东新语》里说："南人喜以花为饰，无分男女，有云髻之美者，必有素馨之围，在汉时已有此俗。"两千多年前，陆贾南下劝说南越王归汉时，本地人在发髻间"彩缕穿花"的打扮就让他大大开了一回眼界。

素馨不仅可做"花梳"，还可用来美容。巧手的女孩儿将上好的茶油与素馨花仔细拌匀，放入洁净的瓷罐中，用厚厚的油纸封住罐口，再把瓷罐放入盛好了水的大煲中，用小火加热一整夜，就能蒸出上好的素馨油。花油蒸好后，不能马上使用，必须耐心等上10天才能开罐。素馨油既可用来擦脸，也能用来护发，可使肌肤莹润，头发亮泽。在那个没有大牌护肤品的年代，素馨油就是最受女孩欢迎的美容圣品。

花夕：素馨花灯　雕玉镂冰

七月七，广州家家户户都会挂素馨灯。素馨灯做起来可费工夫了，得先找来细细的竹篾，密密地缠上素馨花蕾，再扎成轻巧的灯笼。灯点亮后，蜡烛的热力徐徐发散，催着花儿渐次开放，整个花灯"雕玉镂冰，玲珑四照"，漂亮得不得了。还有很多富家公子哥儿，把素馨灯挂在车头，车过去很远了，空气里还有香气缭绕。

七月七，最热闹的地方在水上。荔枝湾、漱珠涌、沙面、陈塘，数不清的游船在江上徜徉，没有一条船不挂素馨灯的，映着水中的倒影，越发清艳迷人。豪华富丽的紫洞艇上，歌女笑靥如花，客人不醉不归；供平民乘坐的小艇上，一家老小聚在素馨灯下，叫几碗艇仔粥，要两斤河虾，一样自得其乐。江上还有人兜售素馨球，感觉出汗了，拿上一个，揣在怀里，肌肤生凉，有清热避暑的效果。这一夜，满城如雪，触处皆香，七月七是属于素馨的节日。

素馨在夏天开得最盛，但在冬天也有开花的。人们把冬天的素馨花叫作"雪花"，它们弥补了广州冬天不怎么下雪的遗憾。每到岁尾，广州人总要打"火清醮"，一个个素馨花环，或摆出游龙、凤凰、流苏等各种好看的造型，以取悦天上的神仙。

祭完了神，当然免不了大摆宴席，如果有人喝多了，主人也会捧出素馨球，喝醉的人闻到寒香，最起码能醒一大半。那时候，整个新年，广州城都会笼罩在素馨的香气中，热热闹闹又清雅可人。

曾经集全城宠爱于一身的素馨，又是在什么时候衰落的呢？根据一些学者的研究，鸦片战争以后，由于西洋花卉、新式装饰品和合成香品如潮水般涌入广州，素馨不可避免地失宠了；到了民国时期，它已不再拥有"市花"的荣耀；现在，素馨几乎已经被人们淡忘。而"满城如雪，触处皆香"的老广州，也成了泛黄书卷上的故事，渐行渐远。

澳洲龙虾什么的都弱爆了，我们有土生土长的广东大龙虾。清初大儒屈大均这个专业"吃货"如此描述龙虾："巨者重七八斤。头大径尺。状如龙。采色鲜燿。有两大须如指。长三四尺，其肉味甜。"龙虾可以生吃，也可熟食，就看食客的喜好了。

广东出过头大径尺的龙虾

"巨者重七八斤。头大径尺。状如龙。采色鲜燿有两大须如指。长三四尺。其肉味甜。"这是清初大儒屈大均先生的《广东新语》里的一段话，说的是广东本地龙虾的美味。从屈老夫子津津乐道的劲头看来，与当年本地龙虾的滋味比起来，现在的澳洲龙虾可真是弱爆了。

要吃本地龙虾，就要去老广州名闻遐迩的海鲜胜地——漱珠桥畔。这回，索性让我们组织全城吃货进行一次"草根美食穿越游"，穿越回热闹非凡的老广州，寻找地道粤味的根吧。

风物

厨子当街支大锅　衙役一来走如风

这次老广州"草根美食穿越游"的第一站是十三行商馆区附近的广场，看看不远处珠江上忙碌穿梭的瓜皮艇和踉踉跄跄从附近小酒馆里走出来的外国水手，你就知道，我们穿越回的时间是19世纪中叶。这个临江广场不大，本来属于朝廷专门划给洋商的休闲区域。不过，现在这个广场上挤满了闹嚷嚷的小贩，其中不少是卖吃食的。他们有的卖各类粥品，有的卖烧腊卤味，有的卖糕饼，有的卖花生橄榄，还有的卖肠粉、云吞面。摊主一边照看着热气腾腾的大锅，一边高声叫卖着。食客则或站或蹲，一边飞快地舞动着筷子，一边大声聊天。如果你运气好，还会看到一两个瞪大了眼睛，看着这幅"草根大嚼图"的传教士，他们嘴巴里还会咕哝两句："原来，千千万万的中国人都在街上吃饭。"

最早来到广州的传教士之一——知名"中国通"卫三畏就曾在其所著的《中国总论》中说："千千万万的人在街上吃饭；煮东西吃的摊位那么多，给新来者极其生动的印象……顾客欢悦喧哗，举着筷子，厨师大声叫喊，推荐糕点菜肴，炸锅炊笼，热气腾腾，香气四溢……这般活跃生动的景象和新奇的场面不断地给他启迪和乐趣。"

不过，不是所有的洋人都像卫三畏这样有好奇心。一旦这些流动食档摆得太多，把道路都给堵了的话，一些不耐烦的洋商就会去找来翻译（官名"通事"），让他去通知衙役"清场"。如果我们恰巧能看到这样的画面，就会发现这些小贩躲避衙役还真有一手。当衙役刚刚举着鞭子从同文街的拐角出现，他们就像变戏法一样，收拾起坛坛罐罐，一阵风似的跑了，整个广场瞬间空空荡荡，只剩下一些来不及收拾的腌制食品和茶杯茶碗，散落在地上。

其实，洋商也清静不了几天，整个广场很快又会像变戏法一样，来了卖云吞的、卖粥粉面的、卖糕饼的……间或还有卖茶的、补锅的，他们先是三三两两，接着就成堆出现，重新"占领"了整个广场。很多人还操着洋人听不太懂，国人更不明白的"广东英语"向来往的水手热情推销各类吃食。等广场热闹得太过分了，洋商又会去告状，小贩们又会火速躲避。他们"快如风"的能耐，就是在一次次"猫捉老鼠"的游戏中练就的。

不过，除了街角的几家小酒馆之外，小贩们倒是很少卖酒，以至于旗昌洋行的美国商人亨特感叹，广东人本质上相当有节制,"醉汉在他们当中有如渡渡鸟(一种当时濒临绝种的鸟类)一样罕见"。对了,关于上述小贩与衙役"猫鼠游戏"的见闻,同样可以在《旧中国杂记》中找到佐证。

江畔美食:清初已有鱼生　漱珠桥畔寻味

老广州"草根美食穿越游"第二站是漱珠桥。桥畔星罗棋布的海鲜大排档、迎风招展的酒旗,桥下清澈的漱珠涌,以及不远处宽阔的珠江江面和停得密密麻麻的渔船,让人以为自己走进了"清明上河图"。

不过,我们来这里主要不是为了看风景,而是为了吃海鲜。没错,从清朝到民国,如果不到这里来吃海鲜,那就算不得是专业吃货。

首先要吃的当然是鱼生。广州人吃鱼生的历史可以算是很悠久了,在清初大儒屈大均先生的《广东新语》里就有记载。屈大均先生是明末清初著名学者、诗人,与陈恭尹、梁佩兰并称"岭南三大家",有"广东徐霞客"的美称。他所著的《广东新语》也是有关岭南风土人情的百科全书。

说到鱼生的美味，屈老夫子绘声绘色，他说："粤俗嗜鱼生，以鲈、以鲩、以鳡白、以黄鱼、以青鲚、以雪鲐、以鲩为上。鲩又以白鲩为上。以初出水泼刺者，去其皮剑，洗其血腥，细剖之为片，红肌白理，轻可吹起，薄如蝉翼，两两相比，沃以老醪，和以椒芷，入口冰融，则甘旨矣。"

屈老夫子也算是吃鱼生的行家，如果你把现在的什么三文鱼、北极贝给他老人家品尝，他一定是看不上眼的。对了，吃鱼生，一定要记得屈老夫子说的姜丝、辣椒粒；讲究的话，还可以放点菊花，取其清香，这吃法比现代人精致多了。

吃完鱼生，还可以点两只大龙虾。澳洲龙虾什么的都弱爆了，我们有土生土长的广东大龙虾。屈老夫子这个专业吃货如此描述龙虾："巨者重七八斤。头大径尺。状如龙。采色鲜耀。有两大须如指，长三四尺。其肉味甜。"龙虾可以生吃，也可熟食，就看食客的喜好了。

漱珠桥可吃的海鲜当然不只鱼生和龙虾，像石斑、膏蟹、龙利鱼、鳜鱼、响螺全可以在这里吃到，禾花雀也属这里最好。没听老广州说嘛，"宁食天上四两，不吃地上半斤"。

风物

文人才子吃高兴了，还留下了很多诗歌，记载于各类地方志中。像"斫脍烹鲜说漱珠，风流裙屐日无虚。消寒最是围炉好，买尽桥边百尾鱼"这样的诗句，就是有文化的吃货喝高后写下来的，说不上写得有多好，但的确有催人口水直流的功效。

狗肉最香：民初禁食"三六" 吃货奔走郊外

离开漱珠桥畔的海鲜大排档，我们来到此次老广州"草根美食穿越游"的第三站——城郊沙溪。只见附近数十家狗肉档一字排开，家家食客盈门，人声鼎沸，不少档口前还站着容貌俏丽的女招待。热腾腾的狗肉煲香气四溢，再加上女招待此起彼伏的招呼声，这气氛真是浓得化不开。吃货到此，只管猛吃，哪里还管什么吃相。

有人要问了，为什么狗肉店要开在郊外呢？其实，在晚清年间，城里的狗肉店也是非常多的，这在多位传教士的日记中都有记载。到了20世纪二三十年代，由于主政者大多接受过欧风美雨的熏陶，他们将吃狗肉视为不文明的表现，故此下了一道禁令，市民禁食狗肉。然而，一纸禁令岂能阻绝"狗肉滚三滚，神仙企唔稳"的美食诱惑，因此，狗肉店纷纷开到郊外，依然成行成市，专业吃货闻香而至，大快朵颐。

1937年2月有期《越华报》还专门模仿《陋室铭》的调调，写了首《狗肉赋》，形容全市人民扎堆郊外吃狗肉的热情："郊不在远，有狗则名。寮不在雅，有花则灵。斯是陋室，气味芬馨。蒜蔬当户绿，炉火正纯青。投怀有婴宛，踢裆无兵丁。可以快朵颐，讲性经。有参茸之滋补，无宴捐之加征。黑狗宰肥壮，女士选聘婷。大兄云，何厌之有？"

狗肉是不折不扣的草根美食，地道老广州去吃狗肉煲时，大多不会直呼"狗肉"，而以"三六"代称，"三加六"，即为"九"（"狗"的粤语发音）也，可见大家对狗肉既酷嗜，又有那么一点鄙视的心情。老广州不仅冬天爱吃狗肉煲，夏天也不愿放弃这一爱好。且看当年《时事画报》刊登的一则很流行的粤讴："冬至食过鱼生，又到夏至，正有狗肉香。狗肉纵唔得食，捞啖汁亦心头爽。见狗肉唔会流涎，个个食嘢就唔入行。狗你知道走为上着，乜又入错条穷巷。随处撞，咁就注定你这条命被人劏，唔是我哋丧良……"

您看这首粤讴，一会儿说不知狗肉美味的人不是真正的吃货，一会儿又假惺惺"劝慰"已成盘中美餐的狗，说它是自己"入错条穷巷",所以命中注定被人开膛破肚,实在怪不得食客丧天良,真是"吃了美味还卖乖"。吃货们对"三六"的爱好,由此可见一斑。

龙舟竞渡是广州端午最盛大的狂欢，历代官府屡下禁令也难阻民间热情。说起龙舟竞渡的起源，人们常常把它跟纪念屈原联系在一起。不过，在岭南，据说屈原的影响不是决定性的，更重要的是老祖宗善驾舟楫、靠水揾食的生活传统。

斗龙太激烈　时常有火拼

我的小屋正好在珠江边，每年端午临近之时，早上常被江上龙舟的鼓点声唤醒。鼓点声声，疾如雷电，使人不难想象舟上鼓手、桡手和舵手的英姿，也不难想象众人争睹"龙舟景"的欢乐。纵使像我这样的外乡人，也真切地感受到广州端午的气氛。

千百年来的广州乡间，划龙舟一直是端午期间最盛大的活动，披红挂绿、百龙汇集、村村欢笑的龙舟"趁景"和"探亲"，锣鼓喧天、争先恐后、万人争睹的"斗标"，以及一开数百围的"龙舟饭"，都是不折不扣的民间狂欢；而昔日诸多的禁忌和仪式，以及与竞渡如影随形的激烈火拼，更使这持续数日的狂欢承载了更深刻的民间记忆。

先民靠水吃水　代代与龙相亲

龙舟竞渡的风俗各地都有，但尤以岭南一带花样繁多，除了常见的"斗标"和"趁景"外，还有"踩龙舟""打龙舟"等多种形式。

说起龙舟竞渡的起源，人们常常把它跟纪念屈原联系在一起。不过，在岭南，据说屈原的影响不是决定性的，更重要的是老祖宗善驾舟楫、靠水搵食的生活传统。

南越先民驾船的本事早已见于史籍。东汉期间的《越绝书》称赞他们"以船为车，以楫为马，往若飘风，去则难从"。不过，要在水中搵食，不能单靠本领，还得跟海里的龙王搞好关系。专家考证，南越族是最早有龙图腾的族群之一。

《汉书·地理志》记载："（越人）常在水中，故断其发，文其身，以象龙子，故不见伤害也。"中原的文化大儒说起"断发文身"的南越人，总有睥睨蛮夷的优越感，殊不知这是先民的水上生存之道。先民文身"以象龙子"，那么，在日常驾驶的舟楫上绘上龙纹,以表达对龙的崇拜,也是很自然的事情,这或许是龙舟的来历。

我读书少,不敢随便猜测,但闻一多先生的研究或许可以作证:"凡属于某一图腾族的分子,必在自己身体上和日常用具上,刻画着该图腾的形状,以图强化自己和图腾间的联系,而便于获得图腾的保护。"而龙舟"只是文身的范围从身体扩张到身体以外的用具"。

当然,按照专家的研究,龙舟竞渡传统的形成,也有先民驱邪禳灾的需要,后来也吸收了从荆楚之地传来的纪念屈大夫的风潮。

龙舟"趁景"穿河游乡　赛龙夺锦万人空巷

但凡广州本地人都知道,划龙舟活动主要分为"趁景"与"夺标"两种形式。"趁景"即是各村龙舟巡游,探亲访友。广州各地的"龙舟景"日都是祖辈定下来的,比如番禺,初一新洲景、初二官山景、初三市头景、初四新造景,数百年来不变。

广州以前最负盛名的"龙舟景"当属增城新塘景，民间素有"不趁新塘景，不算扒龙船"之说。新塘的"龙舟景日"是五月十二。到了这天，不要说广州各地，连远在东莞的龙船都会到新塘来"趁景"。其时村前锣鼓震天，百舟云集，十分热闹。

《增城县志》记载："龙舟所到之处，亲朋戚友均以绸缎或布标、饼食相赠。新塘、仙村、石滩等水乡地带均于祖辈定下的'龙舟日'举办龙舟盛会。会期一到，外地龙舟前来趁景，亲朋戚友亦纷纷前来祝贺。"

如果说"趁景"是热闹非常，"斗标"则是激烈非常了。"斗标"有顺水斗，也有逆水斗；有直线斗，也有转圈斗；有定距斗，也有不定距斗；有坐着划水斗，也有站着划水斗，总之不分胜负不收兵。且看1927年《广州民国日报》刊登的一则风俗歌："……睇见龙船长十丈，锦标罗伞甚辉煌，鼓声震动冲波浪，水色娇娇艇内装……"

当年端午节，精武会主办的水上游乐场举行了盛大的龙舟比赛，李济深等社会名流捐赠了奖品，犒赏得胜者。由于比赛激烈，警察局还特意出动警力维持秩序，尤其要严查各参赛龙舟，禁止携带武器，以免滋生事端。警察局的担心并非多余，龙舟"斗标"自古十分激烈，时有"火拼"现象，这个留到下文细说。

妇女禁扒龙舟　规矩代代相传

现代人"扒龙舟"主要是为了娱乐，没多少禁忌，连老外也能来凑热闹。但在以前，"扒龙舟"事关敬神禳灾，禁忌多多，年轻人错了一点点，都会被老人家狠批一顿。

先说造龙舟吧，造龙舟前，师傅要斋戒沐浴，焚香拜神，造船时绝不允许妇女参观，否则龙舟沾了阴气，就会变成阴龙船，沉到河底去。

"起龙舟"必须选定黄道吉日，一般是四月初八。村里的壮年男子齐力将龙舟推进河里，这叫"恭请"，不能有抓、抬、提这些动作。

"扒龙舟"期间，人们每天早上将龙头、龙尾从祠堂或庙里取出，每天晚上送回，迎送队伍一定是龙头先行、龙尾殿后，绝不能轻慢而行。

女人不能"起龙舟",更不能"扒龙舟",她们只能远远地看;老婆怀了孕的男人也不能"扒龙舟"。此外,家里有丧事的人同样被排斥在外。百多围的"龙舟饭",女人照例没份,但宴席散了以后,每个男人还是可以带一份饭回家给老婆孩子吃,分一点运气给他们沾沾。

斗龙火拼　官府头疼

龙舟竞渡是一场几乎人人参与的民间狂欢,但历朝历代官方都有非议,到了清代,朝廷不但明令禁止龙舟竞渡,还严令地方官加强巡视,将违规者用枷铐起来,游街示众。

政府为什么要跟老百姓对着干呢?一来,造龙舟、扒龙舟、龙船饭……花费不小。这笔钱从哪儿来呢?一般是宗族的"龙船会"召集乡邻一起凑。这种"凑份子"很难做到全凭自愿,常有"勒捐"现象发生,搞得一些穷人倾家荡产。二来,械斗几乎与龙舟竞渡如影随形。在往日,赛龙舟一般都是以宗族为单位的,相邻宗族平常难免有纷争,"趁景"时如果狭路相逢,往往会引起一场恶斗。以前人们造龙舟的时候,桡的质地都造得很坚硬,且没有桡头,据说就是为了打架方便。

广州昔日流传的民谣将这"打架热"说得活灵活现:"初一龙船起,初二龙船忍,初三初四游各地,初五龙船比,初七初八黄竹岐,初九初十龙船打崩鼻。"

平常有积怨者,彼此的龙舟在"趁景"时碰上了,难免大打出手;"斗标"过于激烈,也常引发火拼。1907年第26期的《时事画报》上就有一则"竞渡毙命"的新闻,称当年石湾的龙舟赛上,有一艘龙舟试图作弊,结果触发众怒,"立起争端,彼此持枪相向,当场轰毙龙畔乡罗姓人一名,受伤两名"。这动不动就要擦枪走火,也着实让官府头痛不已。可不管他们下多少道禁令,又怎么禁得住民间"赛龙舟"的热情呢?一声声激越的鼓点,不是穿越时空,一直响到今天吗?

行当业态篇

茶商盐贾及洋商,别户分门各一行。
更有双门底夜市,彻宵灯火似苏杭。

——清·何渐鸿

老广州西关大屋的建造者泥匠、瓦匠和石匠被称为"三行仔",齐拜鲁班为祖师爷。那时"三行仔"的地位虽然卑微,但日子肯定过得不算差。其实,无论在哪一个年代,扎实学艺,干净挣钱,都可以说是不错的人生,不是吗?

"三行仔"同声共气盖大屋

说起广州最具代表性的传统建筑,肯定非西关大屋莫属,趟栊门、满洲窗、花罩、青云巷……单是一个个名词,就足以唤起本地人心中悠远而充满温情的记忆。而当我在落日余晖中走过龙津西的西关大屋群,欣赏着它们的雍容气象时,脑海中不禁又浮现了一个问题:到底是哪些人建造出这些堪称艺术品的古老大屋?他们又有什么样的趣闻逸事呢?就这样,我"结识"了一群身份卑微却都有着一手绝活的工匠——老一辈本地人口中的"三行仔"。

风 物

请人：近万"三行仔"　清早"企市"等活干

我在查询西关大屋的相关史料时，发现介绍其建筑特色的资料比比皆是，以至没几天我就能把"青砖石脚""三边过""屋尾花""格扇屏门"等名词的意思说得头头是道了。可是，要想"结识"这些古老大屋的建造者却不容易，我埋头在史料堆里找啊找，好不容易才找出一些零散记载，使我对百多年前那一群技艺不凡的工匠有了粗浅的认识。在老一辈本地人的口中，他们被称为"三行仔"。

现在，让我们玩一个小小的穿越游戏，把时光倒推100多年，而你就是广州城内的一个茶商。几年生意做下来，兜里攒了不少钱，于是你计划着在龙津西盖栋大宅，享受生活，顺带光宗耀祖。没多久，你在风水先生的帮助下买了块好地，准备大兴土木，兴建豪宅了。盖房子就得请匠人，这在老广州实在方便得很，全城大大小小有1000多家建筑店，都提供这个服务。你若不怕花钱，那就去大新街上的"温大利"、成泗栈或者牛乳桥（今清平街一带）附近的宗容记，它们都是业内名店，当然报价也高；你若想控制预算，那就找一家名气略微小一点的店，其实质量也差不到哪里去。要知道，那时广州有钱人多，对匠人手艺的要求也高，所以广州匠作的水平在全国是数一数二的。

在弯弯绕绕的老西关街道上,建筑店其实非常好找。那时无论砌墙还是盖瓦,都要用到石灰,所以几乎每家店里都有一个硕大的石灰池,你瞅准了进去一问,准没错儿。不过,这些建筑店大多奉行"不养闲人"的黄金准则,除了老板之外,平时店里只有两三个长工。建筑店老板接了你的活,才会去雇用泥匠、木匠和石匠(故称"三行仔")。活一干完,工人即刻散伙。

建筑店的老板找工人也有固定的地方。那时,那些待雇的工匠,每天清早都会聚集在一些马路口和十字街头,等候招雇,因此形成了一个个市集,叫作"企市"。这种"企市"在广州共有5个,即"禺山市"(今中山四路文德路口)、"太平市"(在今光复路)、"归德市"(在今大德路解放路口)、"三角市"(在今东华西越秀南)、"城南市"(在今洪德路)。日子久了,聚集各市的工匠和前来招雇的老板逐渐趋于固定,大家彼此熟识,就开始慢慢结成团体,给自己起个行号叫"某某堂"。老板和工匠一同加入,缴纳"入行费",并用这笔钱购置房产,供奉鲁班,呼作"师傅庙"。大家平常开会议事,也都在"师傅庙"里碰头。所以,如果你想绕过老板,直接去"企市"找工人,一定是行不通的,因为谁都不会为了接你这一单活,坏了堂里的规矩。

开工:泥匠高举三星锤　打桩号子震天响

建筑店老板的效率还是挺高的,很快泥匠、瓦匠和石匠都到位了,新屋的方位、形状、高矮也都根据"风水龙脉"的情况定好了,万事俱备,只等开工。

不过,你一定得选个黄道吉日。吉日一到,工人先在工地中间插上两支青竹,再将一根小青竹横架其上,贴上"开工大吉"的红纸黑字;然后燃放鞭炮,并用三牲酒菜祭拜了天神地主,才好破土动工。那一天,你还得摆下丰盛的宴席,请风水先生、建筑店老板、工头及所有工匠大吃一顿,并分发利是,才算功德圆满,以后一路顺风顺水。

打桩是修筑西关大屋的重中之重。那时打的都是杉木桩,高度足有两米,入地的尖端涂上厚厚的一层柏油,以防地下水汽侵袭,使得木桩枯朽。打桩的桩锤也有1.5米高,三面安有插手,俗称"三星锤"。打桩时,3个工匠站成三角形,每人各持一个插手,然后一齐喊着号子,把桩锤高高举起,用力将杉木桩打入地下。明眼人一下子就可以看出，这不但是体力活，更是技术活，所以技艺高超的打桩工人从来都很吃香。打完桩后，工人还会用石灰或洋灰（水泥）拌上碎砖碎石，填实桩边。有钱人家盖起的西关大屋大多高两三层，这一道工序尤为重要。

打完桩，就该砌墙了。西关大屋用的多是大青砖，先由泥匠手工打磨光滑，然后一层层拉线往上砌。墙体的垂直度和水平缝口都不允许有偏差，否则屋子盖起来就是歪的。此外，那时的大屋室内外都要用砖雕装饰，刻上龙凤狮豹、古代人物、各式花卉乃至凹凸文字的对联，这些都是泥匠必须掌握的手艺，从这个意义上说，一个优秀的泥匠还必须具备一定的艺术素养。

装饰：雕龙刻凤画人物　木匠近乎艺术家

泥匠忙着砌墙盖瓦的时候，木匠也没闲着。今人熟知的"趟栊门""屏风门""满洲窗""花罩"等全都出自木匠之手。如果说一个出色的泥匠必须是拉线高手，那么一个出色的木匠就必须是对榫高手。西关大屋的三道门——矮门、趟栊门和大门，从上到下没有一颗铁钉，全由木匠手工对榫而成，墙上的满洲窗和百叶窗、屋顶金钟架梁的榫口也必须密密实实，不能有一丝瑕疵。这样的手艺，真当得起"绝活"二字。除了掌握"对榫"这门看家本事外，一个好木匠还得苦练雕刻功夫，门窗上的花鸟虫鱼、龙凤狮虎、古钱古瓶以及各式人物，全都由他们一手雕出。今天人们细看耀华大街和龙津西存留下来的西关大屋，也会打心底里承认，这些身份卑微的木匠，其实真称得上是半个艺术家。

我们既然是给"三行仔"立传，当然还得提一提石匠。西关大屋内外除了有砖雕、木雕，也少不了精美的石雕，这些都出自石匠的巧手。不过，20世纪二三十年代后，随着水泥的日渐流行，石匠的生存空间日趋狭窄，石雕工艺日见凋零，这不能不说是一个遗憾了。

同声共气盖大屋的"三行仔"还有一个共同的祖师爷——鲁班。农历六月十三俗称"鲁班先师诞"，城内的建筑店都要焚烧香烛、大摆宴席，庆贺师傅诞。每到这个时候，城内就有很多妇女拿着碗碟，来到各店门口讨要饭菜。她们相信将这些饭菜拿回家给孩子吃，就能让孩子沾一点鲁班的聪明和智慧，成年后学好手艺，就能长长久久有饭吃了。由此可见，那时"三行仔"的地位虽然卑微，但日子肯定过得不算差，否则"鲁班先师诞"也不会这么有影响力啦。其实,无论在哪一个年代,扎实学艺,干净挣钱,自食其力,吃得下睡得香,都可以说是不错的人生,不是吗?

由于电发工具尚未问世，20世纪30年代的女子烫发，都是理发师拿着被木炭烧热的火红发钳在顾客的一头乌发上"动工"的。理发师稍有不慎，就会有悲剧发生。即便如此，烫发仍流行一时，女性爱美的勇气从来就不可低估。

炭火烧红发钳　烫起满头青丝

"我们新出于钎，以快刀斩乱麻的手段，五日内共斩了一万个头……"读了1928年5月《广州民国日报》刊登的一段话，你是不是吓得寒毛直竖？其实，它说的不是一群刽子手，而是在香港出现的第一家女子理发店。3年后，西瓜园广州第一家女子理发习艺社引来众多效仿者，催生了一批俗称"发花"的女子理发师。当时，电发工具尚未问世，女孩子却纷纷爱上了卷发。于是，理发师们用炭火烧红发钳，然后在顾客的满头乌丝上"动工"，谁见到这个场景，都会惊叹说双方都充满了勇气，而这一股勇气的源头，就是亘古不变的对美的追求吧。

理发业溯源：几十万条辫子　养活两万剃头匠

根据资料记载，辛亥革命之后，老广州街头才渐渐出现了专业理发店。之前，全城男人的辫子全靠走街串巷的剃头匠打理。他们日日走街串巷，手摇一把长剪，时时咔咔作响，让人不注意都难。因此，只要你翻开19世纪那些来穗一游的洋人留下的手记，十之八九都会看到剃头匠的影子。

在哥伦比亚商人唐可·阿尔梅洛笔下，这些剃头匠"所有赖以为生的家什一担挑"，担子一头的箱子里装着剃头刀、剪刀铰子、毛巾手帕，这个箱子同时可权当座椅使用；另一头的箱子里则装着火炉、水、胰子（肥皂）和其他用得着的玩意儿，走走停停，十足一道尘世风景。

与唐可·阿尔梅洛粗线条的记录相比，19世纪40年代来穗的法国公使随员伊凡的观察要细致得多。在他看来，剃头匠简直是"从头管到家"，刮头皮，梳辫子，清鼻孔，掏耳朵，以至于剪脚指甲、挖鸡眼，同一把剪子上下翻飞，无所不能。当时，一位新教教士曾告诉伊凡，全广州最起码有两万多名剃头匠，掌管打理全城数十万条辫子，这个数字实在让人吃惊。

辛亥革命成功后，全城数十万条辫子一夜之间消失，流动剃头匠的生意也随之衰微，街头理发店慢慢增多。最初，理发店的设施十分简陋。此后20年间，它们逐步"升级换代"，孕育出了一批老字号。此外，因为广州气候炎热，不少店主一到夏天就高悬布幅，由童工用力牵扯扇风，在电扇尚未普及的年代，这样的"人力风扇"也算得上是广州理发业的一大创新。

当然，凡是想在这个行业里有所发展的人，都不会甘于一直充当"人力风扇"，怎么着也得做个能独当一面的理发师吧。不过，这条路走起来并不容易。20世纪三四十年代，云浮人和四邑人几乎各自把持了广州理发业的"半壁江山"。惠爱路（今中山路）、永汉路（今北京路）、中华路（今解放路）以及东山一带，尽是四邑人开店；西关、上下九则是云浮人的"地盘"。云浮人开的店，从不雇请四邑人；四邑人开的店，也谢绝云浮人"打工"。初出茅庐者，必得有同乡亲友介绍，否则绝难入行。

甫一入行，肯定得从学徒干起呀。做学徒没有工钱，不过有一口饭吃，再领一套衣服、一双木屐。每月农历初二、十六，店内照例加菜，俗称"祃祭"，菜金是平日数倍，荤素齐全；到了年尾，还能吃到腊味，这几乎是苦哈哈的学徒生涯中唯一的亮色了。

学徒一心盼望的就是几年后"出师"，可以参与分账，而技术一流的"飞发佬"更是供不应求，理发店"互撬墙脚"之事时有发生。一德路的"一新"，长堤的"模范"，第十甫路的"豪华"，永汉路（今北京路）的"一乐也""北秀"都是当时的知名理发店，那里的高级理发师不仅老板不敢得罪，而且小费收入不菲，上门服务时甚至还有汽车接送。这些位于"生态链"顶端的行业翘楚，无疑是行内年轻人的职业偶像。

工具简陋　理发师持火钳上阵

辛亥革命之前，广州几十万男子的辫子几乎全由流动剃头匠打理，说到富家女子的头上青丝，主要就依靠"梳头婆"照管了。辛亥革命后，女性开始走出家门，渐渐有了理发的时尚需求。可虽说风气渐开，找男理发师总归有些大逆不道。有需求就有市场，于是女子理发店应运而生。1928年，香港出现了第一家女子理发店，起个名号就叫"维新"。有趣的是，开业一周，女客尚在观望，男客纷至沓来，以至于女子理发员自信满满地宣称："我们新出于钎,以快刀斩乱麻的手段,五日内共斩了一万个头……"这话听来十分夸张,但也可反映女子理发店受欢迎的程度。

1931年,广州第一家女子理发习艺社在丰宁路西瓜园开张,创办人杜秉珊从丈夫那里学得了一手剪发、烫发的本领,算是自学成才。习艺社招揽贫苦女子,杜秉珊亲自出马,免费授艺,学成后安排工作,但头几年的工资全部交给师傅。"习艺"二字听来悦耳,其实就是"学徒"一词的翻版。之后不久,杜秉珊又在第一公园(今人民公园)开了第一家女子理发店,字号"木兰",以安置刚刚毕业的学徒。就同维新理发店刚开张时一样,顾客如云,几乎踏破门槛。

不过,由于电发工具尚未问世,20世纪30年代的女子烫发,都是理发师拿着被木炭烧热的火红发钳在顾客的一头乌发上"动工"的。理发师稍有不慎,就会有悲剧发生。即便如此,烫发仍流行一时,女性爱美的勇气从来就不可低估。

百余年前的广州城里,主营"到会"和"送会"业务的酒馆有上百家之多。这只能说明一点,就是广州人的确比较能吃。那时,广州多数大肴馆的老板本人就是厨师,换言之,这是技术型创业,要想真正立足江湖,靠的还是厨艺本身……

百年前时兴请大厨上门
小伙计头顶大篮送外卖

这是个流行"互联网+"的年代,吃货们随便下载个App,动动手指请个厨师上门,年夜饭、生日会都不用愁了。提供服务的商家也大打广告,说这既是"O2O行业的一大创新",又说是"最新流行生活方式"。这话说得就有点过了,其实早在100多年前的广州城里,专门提供"到会"(上门包办筵席)服务的酒馆多达百家;头上顶着几十斤重食簋的小伙计在街上比比皆是;就算筵开百席,身着蓝布长衫的厨倌(厨师)照样指挥若定。他们谁也不会觉得"厨师上门"有什么出奇之处,这是祖师爷一代代传下来的规矩呀。

风物

广州人婚丧嫁娶　离不开上门厨倌

一说起高档酒楼，我们多半会想起富丽堂皇的装饰和客似云来的热闹。不过，你要是带着这样的刻板印象回到百多年前的广州城里，到城隍庙前的"福来居"或打铜街的"冠珍"酒馆看一看，恐怕会大失所望。这两家所谓的百年老店门脸都不大，再往里一瞅，里边居然没几张桌子。看到这些，你心里多半要疑惑了，这所谓的百年老店，到底做的是哪门子生意呢？

你不必怀疑"福来居"和"冠珍"的江湖地位，它们在当时早已是赫赫有名的业内翘楚，只不过生意经跟现在的酒楼不大一样，"送会"和"到会"才是生意的大头。所谓"送会"，就是将客人预订的整桌酒席做好后，再由小伙计浩浩荡荡送到府上去；所谓"到会"，就是厨倌亲临宴会现场，包办筵席了。这些上门厨倌筹备的可不是简单的"四菜一汤"，而是筵开百席的豪门宴、从早到晚的流水席、连吃数日不重样的喜宴寿宴。可以说，那时人们婚丧嫁娶，都离不了这一帮本领高强的上门厨倌。

明眼人一下子就看出来了，对酒馆老板来说，主营"到会"

或"送会",实在比等客上门强多了:铺面无须大,可以省租金;客人下了单才去采购,可以去库存;平时店里只有几个伙计,承办大宴席的时候临时请人,还能节约人工。再说,做这生意的门槛也不高,两三个厨师凑上几百银圆做股本,租个铺子就能开张营业了。所以,那时城内主营"到会"和"送会"业务的酒馆有上百家之多。高档点的,主要为官宦政客上门包办筵席;一般点的,主要服务街坊四邻,又称"大肴馆"。那时广州人称猪肉为"肴",所谓"大肴"就是取"斤两足、块头大"之意。这么多大肴馆林立街头,只能说明一点,就是广州人的确比较能吃。

食箧重达十来斤　伙计要练铁头功

对大多同时身兼厨师的大肴馆老板来说,包办筵席能节约不少成本,的确是桩美事,可店里小伙计的感受就大不一样了。先说"送会",那可不像今天送外卖那么简单,客人往往一点就一整桌酒席;厨师做好后,把一道道菜装进精致的锡窝(又称锡篕),再盖上铁皮盖保证镬气,接着店里的小伙计就得把锡窝放进木托盘,顶在头上,出门送餐去了。他们头上的重量,少说也有十来斤,客人住得再远,都得照送不误,半道又没有歇脚的地方,这感觉就一个字——累。不过,想想那时的广州城里还没几条马路,这些头顶锡窝的小伙计能在拥挤的人群里灵活穿梭、健步如飞,还真是件很拉风的事。

小伙计"送会"不易,"到会"时更受累。酒馆"送会",大不了就是一两桌酒席,若是"到会",那往往就是几十桌上百桌地摆,这也是"大肴馆"最大的利润来源,所以各家都十分看重。老西关宴饮之风盛行,婚丧嫁娶就不用说了,肯定要摆酒待客。此外,那时一年起码有几十个神仙诞,各个行当又有师傅诞,几乎天天都有理由摆酒聚餐,这也大大带旺了大肴馆的生意。

所谓"厨师未动,伙计先行",宴会当日一大早,伙计们就得将碗碟、匙羹、筷子、铁锅、炒镬、炭炉以及各类烹调用具抬到主家。若主家开上一整天的流水席,或者一次要摆上百桌的酒宴,那搬运工的活就更重了。幸而按当时惯例,主家总要给赏钱的,这是劳苦一天后最大的慰藉了。

一年到头干得这么累,那大肴馆的伙计能挣多少钱呢?按照当时的行规,刚入行的伙计,每月工资一个银圆,折合一算,大概一天能挣两分四厘,故此他们给自己起了个外号,叫作"两分四",意指自己不过就是个打工的。其实,这是刚入行时的价码，他们好好干上几年，成了熟练工，又不可同日而语了，再说"送会""到会"都有小费，采购食材还能公开拿点回扣，不至于匮乏度日。

拉拢仪仗铺　套客户名单

大肴馆"上门到会"，伙计干再多活也是配角，厨师才是主角。上文说了，那时广州多数大肴馆的老板本人就是厨师，换言之，这是技术型创业，要想真正立足江湖，靠的还是厨艺本身，"上门到会"就是个试验场。做婚宴，从提前几天的"报喜埋厨酒"（接待亲友）到婚宴当天的"正日喜酒"，再到最后一天的"消公道酒"（欢送亲友），都要一一安排妥当；做同业酒（庆祝师傅诞），往往一摆就是几百桌，工友或许还要随到随吃，厨师就得不间断服务。按当时惯例，不管喜事丧事，桌上总有一道鸡蛋片，但切法大有讲究，生仔满月酒要竖着切成四件，老人忌辰则要横着切薄片，倘若忙乱中一不小心出错，厨师挨一顿暴揍不说，大肴馆的生意从此必定一落千丈。所以，虽说经营门槛不高，但要把这门生意做好，却也是要步步小心呢。

不过，既然厨师本人就是老板，那在烧菜之余，他也必得讲究经营技巧，更何况全城上百家大肴馆做的生意大同小异，所以更要挖掘客户资源。那么，到哪里去找这些信息呢？一些头脑活泛的大肴馆老板就盯上了位于光雅里的仪仗铺一条街他们网罗了一些经纪人，与这些仪仗铺的老板拉上关系，有事没事跑去店里坐着，套取吉凶二事的户主名单，然后就主动上门，七里八拐地攀上亲戚，遇有婚姻嫁娶就送礼道贺，遇有丧事就送宝烛吊唁。搭上线后，便鼓动三寸不烂之舌，直说到主家心动下单为止。久而久之，大肴馆、经纪人和仪仗铺之间就形成了一个时时互动的情报网络。至于这个网络的润滑剂，那当然是佣金和回扣，这一点好像一直到现在都没有太多改变。

所谓"火船仔",其实是一艘小火轮;所谓"花尾渡",则是被小火轮拖着,在后面紧紧相随的驳船。两船一路紧紧相随,不离不弃,最终相依相偎靠在一起,难怪广东人要用"拍拖"一词来形容青年男女恋爱时的如胶似漆了。

火船仔花尾渡 "亲热拍拖"80年

夕发朝至、餐食可口、票价适中……当你看到这几个词,是不是马上想到了火车?不过,今天这个故事的主角可不是火车,而是至今仍被很多老一辈广州人深情追忆的"花尾渡"。从20世纪初第一艘"花尾渡"出现,到20世纪80年代末退出历史舞台,花尾渡在珠江上航行了近80年的光阴,而火船仔与驳船一路相依相偎,且"拖"且"拍",这正是人们用"拍拖"一词来形容恋爱的缘起。

横水渡　长河渡　数十条航线往四方

在今天的德政南路一带，原本有条小巷，名叫"横水渡巷"。"横水渡"这三个字，在以前既用来称呼渡口，也用来称呼横渡珠江的渡船。要知道，在几百年以前，珠江比现在要宽阔得多，所以被人们称作"小海"，过江也顺理成章地被称为"过海"。德政南路一带就是渡口，供"过海"的疍家小艇停靠与上下客。后来，江面渐渐变窄，德政南路一带也变成了街巷民居，但"横水渡巷"这个地名却保留了昔日船来船往的记忆。

其实，在1933年海珠桥建成以前，渡船是人们过江的唯一交通工具。据《广州市志》记载，1911年，广州来往珠江两岸的横水渡航线有20多条，到1921年又扩展到30多条，专供船艇停靠的横水渡码头也有10多个，离西瓜园只有咫尺之遥的西濠口渡头就是其中一个。客人只需花费铜钱5文，就能搭船过江。不过，客人上船之前，必须跟船家把价讲好，否则万一碰到无良的船家，航到江心，坐地起价，客人在茫茫江上，随风颠簸，就只有认命"挨宰"的份了。

除了"横水渡"，珠江上还有"长河渡"。顾名思义，这些"长河渡"就是走远路的船只了。同样依据《广州市志》的记载,早在鸦片战争以前,广州就已开通了至香山(今中山)、佛山、陈村、大良、九江、鹤山等地的定期航线,既运客,也运货;到1935年,广州至珠三角各地乃至东江、西江、北江航线共有35条之多。沿着这些航线来来往往的"长河渡"也是四乡八邻出入省城的主要交通工具。

最初的"长河渡",主力军是木帆船,能航得有多快,主要得看风的脸色;后来,人们稍作改良,给帆船配备了纤绳,没风的时候,全靠纤夫的力气。我们小时候都看过俄国画家列宾的一幅名画——《伏尔加河上的纤夫》,其实这样的场景在百年前的珠江两岸也比比皆是。不管是靠风还是靠人力,"长河渡"终究是开不快的,从广州到广西梧州,短短400多千米的航程,居然要开上7天,比徒步也快不了多少。

直到19世纪末20世纪初,由蒸汽机提供动力的机动轮船开始在珠江上唱起了主角,"长河渡"的速度大大加快,珠三角各地来往广州的船只基本上可以做到"夕发朝至"。这个故事的主角——花尾渡,就是在这个时期进入了人们的生活。

火船仔　花尾渡　相依相偎来"拍拖"

如果你向一些上了年纪的广州人打听花尾渡的往事,十个里倒有八个人会对你绘声绘色说起火船仔与花尾渡相依相偎来"拍拖"的情形。所谓"火船仔",其实是一艘小火轮;所谓"花尾渡",则是被小火轮拖着,在后面紧紧相随的驳船。机器动力在广东航运业唱了主角后,以小火轮拖载大驳船就成了珠江上一道常见的风景。当然,这些驳船的材料不一,有的以铁制,有的以木制,有的用水泥浇制,而只有那些在船头舱尾描龙绣凤,雕刻各类精美图案的木制大驳船,才能享有"花尾渡"的美名。

据统计,20世纪二三十年代,在广州登记注册的"花尾渡"就有数百艘之多,定时定点往返珠三角各地及东江、西江和北江的各条航线。在江上航行时,"火船仔"用长约10米的缆绳拖着"花尾渡",一前一后而行,邻近码头时,"火船仔"与"花尾渡"慢慢"拍"在一起,并排靠岸。两船一路紧紧相随,不离不弃,最终相依相偎靠在一起,难怪广东人要用"拍拖"一词来形容青年男女恋爱时的如胶似漆了。如今,"花尾渡"虽然早已在珠江上消失了,而"拍拖"一词却流传了下来。

从1908年第一次在珠江上露面开始,到20多年后的鼎盛时光,"花尾渡"的颜值是在逐步提升的,其中也有不少有趣的故事。据《中山文史》记载,最初往来香山石岐与省城之间的花尾渡,设备颇为简陋。有一次,香港一邓姓巨贾的公子搭船前往省城,路上抱怨了几句"不舒服",谁知被服务员反唇相讥:"要舒服,自己造一只呀。"这位邓公子一气之下,还真没多久就购置小火轮,又模仿豪华画舫紫洞艇的样式,造了高达3层、内饰与外形都极其精美的花尾渡,在珠江上招摇而行。要说邓公子的确"有钱就是任性",不过珠江上的"花尾渡"的颜值一路提升,背后最重要的动力还是各大民营航运公司之间激烈的商业竞争,就像这位邓公子,焉知他不是从服务员的讥笑中嗅到了商机呢?

买钢炮 配机枪 土匪一来就开火

20世纪30年代,从省城开往珠三角各地的"花尾渡"大多能做到"夕发朝至",乘客在下午或黄昏时分上船,在水上晃悠悠睡一晚,次日凌晨就到了。当时,由官方出版的《广州指南》把数十条航线的航班时刻表与上下客码头说得清清楚楚,市民一看便知。

在当年的珠江上,来来去去的几百艘花尾渡确是亮丽一景。它们一般高达3层,船舱有特等舱、一等舱和三等舱之分(学香港的样儿,不设二等舱)。特等舱有点像当下高铁的商务包厢。一等舱有点像普通车厢,一格一个铺位,两百多格铺位两两相对,中间空出一个好宽敞的走廊。搭船的众乡亲就在此吹水打麻将,听戏唱粤讴,江湖武师在此打把式卖艺,走方郎中在此卖膏药;肚子饿了,就叫上几盘烧肉、叉烧、腊味、蒸海鲜、豉汁排骨,吃得酒足饭饱。如果愿意多花两文铜钱,甚至还有人把洗脚水也给端过来呢。至于到了甲板下面的三等舱,客货混杂,空气混浊,人声鼎沸,还混杂着鸡啼鸭鸣,又是另一番景象了。

不过,倘若你觉得经营花尾渡是桩轻松的生意,那可就大错特错了。一来,省城从事渡轮生意的民营公司一度有上百家之多,彼此竞争十分激烈;二来,一旦时局不稳,一路上总会碰到几撮"大天二"(土匪)搅事。这些土匪纠集同伙,组成"堂口",四处写信向航商勒索"行水"(保护费)。船主若满足他们的请求,那一路没完没了;若不满足他们的要求,一个个划地盘踞的"堂口"就派出"小弟"劫掠渡船。无奈之下,船商只好"武装自卫"。时局一乱,"花尾渡"就"穿上"钢板护身,舱内加设铁闸,顶部架设机枪火炮,好好一艘诗意的画舫，就这样成了"变形金刚"，以应对江上见怪不怪的"火拼"。据说，广州解放前夕，在顺德容奇镇附近航道上发生的一次激烈火拼事件，劫匪大量死伤，竟使得镇上的棺材都脱销了。

参考文献

[1] 广州市工商业联合会,广州市政协文史资料委员会.广州文史资料第39辑:广州工商经济史料第2辑[G].广州:广东人民出版社,1989.

[2] 政协广东省中山市委员会文史委员会.中山文史第30辑,岐海商涛:中山工商经济史专辑[M].政协广东省中山市委员会文史委员会,1994.

[3] 刘志文.广州民俗[M].广州:广东省地图出版社,2000.

[4] 李国荣,林伟森.清代广州十三行纪略[M].广州:广东人民出版社,2006.

[5] 亨特.广州番鬼录 旧中国杂记[M].冯树铁,沈正邦,译.广州:广东人民出版社,2009.

[6] 刘介民.岭南民俗艺术论[M].广州:世界图书出版广东有限公司,2013.

[7] 刘慧娴.从化温泉的发现与创建[J].广东园林,1983(2).

[8] 任星.西洋饮食文明与近代中国饮食发展[J].中国食品,1983(5).

[9] 邓端本.广州何处觅花田[J].广州史志,1987(2).

[10] 易源.西江花尾渡盛衰始末[J].人民珠江,1990(4).

[11] 竹君."花尾渡"与"拍拖"[J].岭南文史,1992(2).

[12] 曾丽雅.鸦片战争后中国茶叶口岸的变迁[J].农业考古,1993(2).

[13] 黄国声. 清代广州的文化街[J]. 岭南文史,1997(2).

[14] 袁欣.1868—1936年中国茶叶贸易衰弱的数量分析[J]. 中国社会经济史研究,2005(1).

[15] 陈耀盛. 岭南近代私家藏书文化研究[J]. 图书馆理论与实践,2005(2).

[16] 林小玲. 近代广州出版与书籍广告简述[J]. 广东技术师范学院学报,2008(12).

[17] 王均利. 清代外销画之探析[J]. 艺术与设计（理论）,2009(9).

[18] 周智武. 民国"食在广州"的饮食特征[J]. 美食研究,2012(1).

[19] 赵艳萍. 广府素馨名实、栽培及贸易初探[J]. 中国农史,2012(2).

[20] 苏全有. 万木草堂藏书考[J]. 图书馆论坛,2012(3).

[21] 吴晓曦. 浅谈钢琴音乐在中国的传入与发展[J]. 北方音乐,2012（3）.

[22] 孙恩乐,王静,孙壹琴. 通草水彩画中的广府女性服饰特征[J]. 纺织导报,2012(7).

[23] 李沂昆,杨桓.《海山仙馆丛书》概说[J]. 科技资讯,2012(25).

[24] 徐堃. 十八、十九世纪广州外销画市场研究[J]. 才智,2012(31).

[25] 陈滢.18至19世纪的广州外销画家及其艺术[J]. 美术,2013(4).

[26] 马啟亮,邝以明. 广州花市的历史文化内涵及人文关怀[J]. 岭南文史,2014(1).

[27] 周珊. 文澜书院与广州十三行商[J]. 华南理工大学学报（社会科学版）,2014(4).

后　记

一个盛夏的午后，与"故纸生香系列丛书"的策划编辑延红、美编刘犇在东山恤孤院路一带的一家开在老别墅里的咖啡馆（春园后街二号）相聚。延红坐在对面安静审稿，刘犇打开她的电脑，向我展示她闭关两个月"熬"出来的封面与版式设计方案。看着古雅而清新的页面在屏幕上一页页划过，我才真真切切感觉到，这一套在我心里无比珍重的丛书真的要出版了。那一刻的心情，真是既喜悦，又忐忑；既期待，又惶恐……所谓喜忧参半，大概是每个新手作者都会经历的心路旅程。

2013年4月25日，《广州日报》第一期"广州档案独家解密"栏目版面出街，到今天，倏忽已过五年，逾两百期栏目版面、百多万文字见证了我与这座古老的城市"相近、相知、相亲"的美好历程；而今，在延红、刘犇及中山大学出版社诸位老师的鼎力相助下,这些文字终于结集出版,更优雅精致的方式,成为我写给广州这座心爱之城的一封长长的情书。在丛书即将付梓之际,内心的感激,又岂能用一篇短文道尽?

感谢给了我成长和写作平台的广州日报社,感谢李婉芬总编辑、黄卓坚常务副总编辑以及其他领导给予我的鼓励、关怀、指导和包容,使我可以安心埋首故纸堆,一点点去还原这个城市温暖动人的记忆;感谢我所在的部门——夜编中心的诸位领导与同事,他们在日常工作中对我点点滴滴的支持与鼓励,都给了我更多的空间去专注思考和写作;感谢广州市国家档案馆,数年如一日为我提供写作线索,而我,也一直记得他们特意为我提供的那一盏有着"牛津范儿"的台灯,在它温暖的光照下,卷宗上的蝇头小楷都显得格外婉约可爱;同时,还离不开中山大学出版社徐劲社长、周建华总编辑的大力支持,还有延红、刘犇和中山大学出版社的诸位编辑老师为"故纸生香系列丛书"付出的心血,以及水上漂木书画工作室的封面题字,只一声"谢谢",绝不足以表达我的感恩……

因年代久远,无法确认图片作者详情,特此对留下这些珍贵影像的作者,致以深深的敬意。

同时,我也应该对每位读者感恩,谢谢你们付出的宝贵时间。我深知,虽然我早已将广州视为我精神上的故乡,但作为一个"新广州人",我写给这座城市的"情书"固然殷切真挚,却仍难免稚嫩与欠妥之处。惟愿在今后的日子里,我能对这座城市的过往知晓得更多,理解得更多,并因此对这座城爱得更多。

因为,爱是理解的女儿;而爱了,就必定要传递,要记得。

王月华

2017年仲夏于丽江花园